Propagación

de plantas de interior

Propagación
de plantas de interior

Trucos y consejos
para replantar

Paul Anderton y Robin Daly
Two Dirty Boys

cincotintas

Contenidos

Introducción

Si observásemos la Tierra desde el espacio, veríamos un hervidero de formas de vida que han forjado una red compleja y que compiten por la supervivencia, y es que la naturaleza ha encontrado la manera de sobrevivir contra todo pronóstico, ya sea en el fondo del océano o en desiertos áridos y abrasadores.

A diferencia del ser humano, las plantas cuentan con una asombrosa variedad de opciones a la hora de reproducirse. En términos generales, pueden fecundar (o hacerse fecundar por) otras plantas, fecundarse a sí mismas, clonarse o alterar su propia función celular para desarrollar raíces y multiplicarse. Su capacidad de adaptación es increíble. No es de extrañar que habitaran el planeta mucho antes que el ser humano y tampoco resulta descabellado imaginar que seguirán aquí mucho después de que nosotros hayamos hecho mutis por el foro. Es precisamente esta sensación de magia lo que nos ha llevado a escribir este libro. Somos Paul y Robin, dos amigos que adoran hacer crecer cosas y que quieren que personas de todas partes, personas como nosotros, empiecen a propagar. No somos eruditos y ni siquiera conocemos los nombres en latín de muchas de nuestras plantas, pero hemos puesto a prueba y comprobado la eficacia de todos y cada uno de los métodos que aparecen en las páginas que siguen. La teoría es que, si nosotros podemos, cualquiera puede.

Conocemos muy bien la enorme satisfacción que se siente al propagar una planta y no hay nada que supere a la primera vez que se consigue. Te enorgullecerás de haber generado un organismo nuevo e independiente, aunque la verdad es que casi todo el mérito corresponde a la propia planta.

Así que únete a nosotros en este viaje de propagación durante el que exploraremos distintas maneras de multiplicar las plantas, ya que la naturaleza nos ofrece una asombrosa variedad de herramientas con las que generar vida nueva.

Nosotros propagamos más plantas de las que necesitamos en cada proyecto y te recomendamos que hagas lo mismo. Son un regalo perfecto (seleccionado especialmente, cultivado a mano y bellísimo) con el que demostrar cuánto queremos al otro y lo importante que es para nosotros.

Lo que es más, propagar plantas es una alternativa muchísimo más sostenible que comprarlas. Más del 65 % de las plantas de interior en el Reino Unido proceden de los Países Bajos, donde las plantas destinadas a la venta maduran en colosales invernaderos climatizados. Entonces, se envían a cientos de kilómetros de distancia por carretera a través de Europa, lo que multiplica la huella de carbono ya no demasiado halagüeña de las plantas de interior comerciales. Todo ello se vuelve innecesario cuando aprovechamos la extraordinaria potencia de propagar en casa.

Verás que hemos agrupado los proyectos de propagación en tres secciones en función del nivel de dificultad, a pesar de que ni siquiera los que hemos incluido en la sección «difícil» son especialmente complejos. Esperamos que vayas ganando en confianza y en ambición a medida que avances en los proyectos y te familiarices con las técnicas y los consejos.

Por el camino hemos conocido a muchas personas que nos han ayudado y a lo largo del libro encontrarás entrevistas con algunas de ellas. Sus historias nos han parecido fascinantes y esperamos que a ti, también.

¿A qué esperas? Es divertido, fascinante, no tiene coste y, lo más importante de todo: es fácil. ¡A propagar se ha dicho!

Los principios
de la propagación

Hay dos tipos básicos de propagación y ambos consisten en hacer
creer a la planta que lo que sucede es un proceso natural.

Propagación sexual
Este término describe la propagación mediante semillas y esporas.
Ocurre mediante la fertilización y la exploraremos con un espatifilo, una
lengua cervina y una echeveria.

Propagación asexual
Las plantas pueden generar versiones nuevas de sí mismas sin
necesidad de ser fertilizadas antes. A lo largo del libro exploraremos
distintas maneras de hacerlo que, en términos generales, adoptan la
forma de esquejes y estacas (hojas, plántulas, yemas, tallos, brotes
laterales, etc.); de división de raíces; y de distintos tipos de acodos,
donde la planta nueva permanece parcialmente unida a la planta
madre mientras desarrolla sus propias raíces.

En la naturaleza, las plantas no se cortan con un cuchillo esterilizado,
no se plantan en una jarra llena de agua ni se cubren con bolsas de
plástico. Sin embargo, todas estas etapas reproducen procesos que sí
suceden en la naturaleza. Las plantas han evolucionado y aprendido
a usar en beneficio propio las heridas, las sequías, el consumo de sus
semillas... De hecho, estos inconvenientes las ayudan a propagarse y,
por lo tanto, aumentan la probabilidad de que su especie sobreviva.

Aunque, en la naturaleza, las plantas lanzan a diario millones de
experimentos de propagación, lo más probable es que tú solo
dispongas de un puñado de esquejes o, incluso, de un único tallo,
valiosísimo, sí, pero en un estado menos que ideal. Por lo tanto, cuando
propagamos, el objetivo es multiplicar las probabilidades de éxito
aprovechando la capacidad natural del esqueje para reproducirse y
proporcionándole condiciones casi perfectas.

Algunas plantas se propagan con mucha facilidad y son vigorosas,
tanto en estado silvestre como cuando se cultivan como plantas
de interior. Estas plantas proceden de climas tropicales cálidos y

húmedos, donde compiten para sobrevivir en el invernadero biológico de la naturaleza, por lo que están acostumbradas a soportar lluvias y a combatir infecciones transmitidas por el agua, como la podredumbre. Ese es, precisamente, el mayor enemigo del propagador. Lo último que queremos es que nuestro esqueje perezca y se pudra antes de haber podido echar raíz. Todos los proyectos prestan atención especial a la prevención de la podredumbre. Por eso verás que remitimos con frecuencia a la esterilización y por eso también empezaremos por ahí.

Esterilización

Se considera que algo es estéril cuando su superficie carece de bacterias o de gérmenes vivos. Por impolutos que un cuchillo o un tarro puedan parecer a simple vista, es muy posible que estén abarrotados de vida microscópica. La esterilización minimiza las probabilidades de que plagas no deseadas invadan el proyecto de propagación y maten al vulnerable esqueje recién plantado. Hay tres maneras de esterilizar los utensilios y, elijas la que elijas, te recomendamos que esperes a estar a punto de usar lo que sea para esterilizarlo. Así evitarás que gérmenes transmitidos por el aire echen a perder todo tu esfuerzo.

1. Esterilización química

El alcohol de 96° sanitario mata todos los gérmenes conocidos, por lo que es muy efectivo. Sin embargo, también mataría a tu esqueje, así que asegúrate de que solo lo usas en los utensilios y las superficies. Frota el material o las superficies que desees esterilizar con papel de cocina o bastoncillos de algodón empapados en alcohol. Déjalos secar al aire unos minutos.

2. Agua templada con jabón

Muchos proyectos solo necesitan esterilizar el cuchillo. Sin embargo, has de mantener el material limpio y sin gérmenes, por lo que limpia a conciencia los objetos que no se mencionen específicamente con agua caliente y jabón (o en el lavavajillas).

3. Temperatura

Los utensilios de mayor tamaño y, sobre todo, la tierra para macetas, no se puede esterilizar con alcohol, por lo que con los tarros, las tapas, las macetas, etc., tendemos a usar las técnicas de hervido o de horneado. Con la tierra, o sustrato, usamos el método de horneado.

Para esterilizar sustrato, coloca todo el que vayas a necesitar sobre una bandeja de horno honda y humedécelo hasta que quede completamente empapado. Entonces, cúbrelo con papel film bien prieto y hornéalo. La duración dependerá de la cantidad que tengas que esterilizar. Te tienes que asegurar de que el centro del sustrato alcance una temperatura sostenida de al menos 72 °C (169 °F); unos 15 minutos deberían ser suficientes para eliminar todos los bichos y gérmenes. Hemos descubierto que, como norma general, 2 kg (4 lb 8 oz) de sustrato necesitan 90 minutos de horno a 160 °C (320 °F).

Esteriliza los utensilios que no sean de plástico vertiendo agua hirviendo sobre ellos o metiéndolos en una olla con agua hirviendo con ayuda de unas pinzas. Una inmersión rápida en agua hirviendo a fuego vivo esterilizará cualquier objeto resistente al calor.

El propagador

Todos los proyectos usan lo que llamamos un «propagador», que no es más que el recipiente que protege al esqueje o estaca mientras echa raíces. Algunos son tan sencillos como un tarro de cristal, mientras que otros proyectos necesitan un terrario (nosotros usamos una caja de almacenamiento de plástico) protegido herméticamente del mundo exterior. El propósito de los propagadores más complejos es que mantengan un entorno concreto que aumente las probabilidades de que el esqueje eche raíces. Como los propagadores crean el entorno ideal para el esqueje, con frecuencia también crean las condiciones idóneas para plagas, bacterias y hongos no deseados. Por eso, hay que mantener el propagador tan limpio como sea posible y una esterilización a conciencia es un buen punto de partida.

El sustrato

En este libro nos hemos ceñido a dos tipos de sustrato. Es posible que hayas leído acerca de muchos más y hay personas que juran por una serie de recetas meticulosamente variadas y adaptadas, pero nosotros estamos convencidos de que el drenaje y la retención de humedad son las dos características más importantes de cualquier sustrato. Verás que, en las propagaciones, se diferencian de dos maneras principales, en función de lo húmedo o seco que cada esqueje prefiera su sustrato.

1. Esquejes tropicales (es decir, la mayoría de las plantas de interior): tierra para macetas
Estas plantas necesitan un entorno húmedo, como

los hábitats tropicales lluviosos en los que han evolucionado. En la naturaleza, están acostumbradas a quedar empapadas durante lluvias torrenciales y a secarse bajo un sol cálido, por lo que prefieren un sustrato bien drenado capaz de retener un poco de agua. Una mezcla de cinco partes de sustrato sin turba por dos partes de vermiculita (un mineral natural que airea el medio y retiene el agua) es ideal.

2. Cactus y suculentas: sustrato de perlita

Estas plantas necesitan una mezcla compuesta a partes iguales (50/50) por sustrato sin turba y arena de jardinería o perlita. Así te asegurarás de que el agua se drene rápidamente y se aleje de las suculentas en desarrollo, tal y como sucede con el patrón de sequía y lluvias ocasionales que recibirían en la naturaleza.

Merece la pena mencionar que tanto estas mezclas como varias otras más específicas son fáciles de encontrar en centros de jardinería y en internet. No creas que decepcionarás a nadie si no las preparas personalmente en casa. Nosotros compramos el sustrato con frecuencia y nos limitamos a esterilizarlo en casa, por precaución.

También usamos fibra de coco (un producto derivado de la industria del coco) como sustituto del musgo de turbera, que no se cultiva de forma sostenible. Cuando se humedece, la fibra de coco es perfecta para las primeras fases de la propagación radicular de algunas plantas. Luego, cuando las raíces se hayan desarrollado, tendrás que replantar la planta en tierra para macetas, porque la fibra de coco es pobre en nutrientes.

Por último, la vermiculita desempeña una función importante en varias propagaciones. Se puede añadir a la tierra para macetas, pero también se puede usar sola, porque es un medio estéril ideal en el que echar raíces gracias a sus valiosas propiedades de retención de agua.

Una nota rápida acerca de la terminología. Hemos evitado usar el casi omnipresente «compost», porque se aplica a muchos sustratos distintos y puede generar confusión. Usamos «compost» para aludir exclusivamente al compost sin turba comprado en tienda, como en un centro de jardinería, y que suele venir etiquetado (aunque no siempre) como compost. Usamos un compost sin turba genérico de buena calidad. Es perfecto para la mayoría de las propagaciones en la fase de enmacetado, cuando el esqueje o estaca ya ha echado raíces sólidas y está listo para ser plantado individualmente.

Hormonas enraizantes en polvo

Hemos experimentado para ver qué sucede cuando usamos hormonas enraizantes y cuando no, y también hemos probado alternativas naturales como la miel o la cúrcuma. Y la conclusión a la que hemos llegado es que nada funciona mejor que las hormonas enraizantes en polvo de buena calidad. Algunos esquejes, como los de costilla de Adán o de tradescantia, no las necesitan para echar raíces, pero también reciben una energía esencial, además de cierta protección antibacteriana en una etapa crucial del desarrollo de las raíces. Recomendamos que decantes una pequeña cantidad del polvo en un plato cada vez que lo uses, para evitar contaminar el recipiente original con un esqueje sucio o infectado.

Agua

Por fin llegamos al agua, que es esencial para la propagación. Aunque, por lo general, el agua de grifo va bien (solo hay que hervirla y dejar que se enfríe completamente), nosotros preferimos usar agua de lluvia. Vivimos en Londres, donde el agua se extrae del subsuelo, por lo que está llena de minerales que pueden dañar a las delicadas plántulas o acumularse en el sustrato y causar problemas con el tiempo. Londres puede ser sorprendentemente seco, por lo que cuando hay suficiente agua de lluvia, y para prevenir la probabilidad de infecciones, la hervimos en el microondas (no es apta para hervidores eléctricos) y dejamos que se enfríe.

Cuándo propagar

Es aconsejable obtener los esquejes o estacas en primavera o verano, durante la fase de crecimiento (algunas plantas la tienen en los meses de invierno; en este caso, córtalas entonces). Corta los esquejes o las estacas cuando la planta esté más vibrante y cuando tengan el máximo acceso a la energía (del sol) que necesitarán para sobrevivir al trauma de la separación de la planta madre y de tener que desarrollar un sistema propio de raíces vasculares. Corta siempre el esqueje o estaca de un tallo sano, sin plagas ni enfermedades y de colores intensos. Si la planta no es muy vibrante, el esqueje debería tener el mismo aspecto que el resto de los brotes. No elijas el más débil.

Cuidados y mantenimiento

Las plantas de interior son criaturas complejas a las que obligamos a vivir en entornos extraños (como nuestro salón) a miles de kilómetros de su hogar. Cada estancia, cada maceta, cada ventana y cada tipo de agua y patrón meteorológico son distintos, por lo que las variables que afectarán a lo bien (o mal) que crezca tu plántula son innumerables. Si sigues nuestra guía paso a paso y de eficacia probada para cada proyecto, deberías conseguir una propagación sana, pero te recomendamos que investigues en profundidad los cuidados específicos que necesita cada planta, porque en estas páginas solo tenemos espacio para una breve descripción de lo que la planta necesitará en su adolescencia y en la edad adulta. Al final, el ensayo y el error serán tus mejores guías a medida que descubras las personalidades de cada una de tus plantas y los lugares de tu casa que más les gustan.

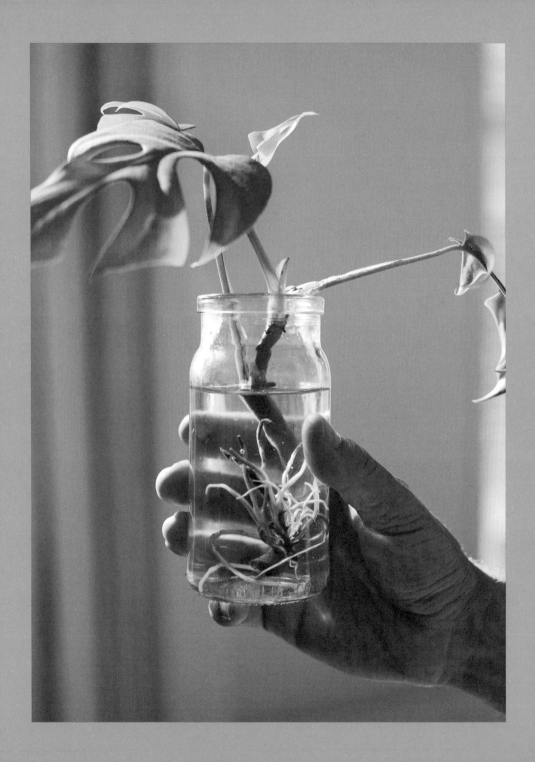

Fácil

Propagación de plantas de interior

Aspidistra

(Aspidistra elatior)

Division de cepellones

La aspidistra también se conoce como «planta de hierro fundido», y con razón: es prácticamente indestructible. Los victorianos, de los que se puede decir que prácticamente inventaron las plantas de interior (véase p. 150), adoraban esta planta que, de algún modo, simboliza toda una era y prácticamente susurra «¡Un bolso!» cada vez que la rozamos al pasar. Si lo que te viene a la cabeza no son citas de Oscar Wilde y *La importancia de llamarse Ernesto*, quizás sean unos compases de «La aspidistra más grande del mundo», la disparatada cancioncilla de music-hall popularizada por Gracie Fields en la década de 1930 y que narra la fantástica historia de su hermano que, como habrás podido suponer, cultiva la aspidistra más grande del mundo. Fields volvió a grabar la canción en 1941 y añadió los versos «Colgaremos a Hitler de la rama más alta de la aspidistra más grande del mundo», con los que propagó un vástago para tiempos de guerra de su histriónico éxito de music-hall. Ese mismo año, el servicio secreto británico compró el radiotransmisor RCA en Nueva York (entonces el más grande del mundo) y lo envió a Inglaterra para usarlo en la guerra secreta. ¿Qué nombre en clave crees que le pusieron? ¡Exacto! «Aspidistra.»

Las elegantes líneas de la aspidistra, ya liberadas de los interiores oscuros y recargados de nuestros antepasados decimonónicos, realzan los interiores modernos. Es una planta inmemorial. Incluso puedes usar las hojas para servir comida, como hacen en Japón, su hogar de origen.

La propagación por división de cepellones es idónea para esta planta. Se trata de un proceso sencillo que permite multiplicar la colección de aspidistras en un plis plas. El secreto de la propagación reside en los rizomas, una especie de tallo subterráneo modificado que produce brotes y raíces para formar plantas nuevas. Si los divides, puedes crear «colonias de aspidistra» completamente nuevas. Intenta hacerlo en primavera o a principios de verano, porque así las plantas nuevas tendrán por delante toda la temporada de crecimiento durante la que consolidarse antes de la dormición de los oscuros meses invernales.

Necesitarás

— Papel de periódico o cualquier otra cobertura
de papel grande, para recoger la tierra.
— Un cuchillo afilado.
— Tres o cuatro macetas, aproximadamente del
mismo tamaño que la de la aspidistra original.
— Sustrato.

Cómo propagar

Aspidistra

1   Extiende el papel y deposita encima la maceta de la aspidistra original, puesta de lado. Con cuidado, saca la aspidistra (o, para ser más exactos, las aspidistras, porque hay varias plantas en cada cepellón) de la maceta y deposítala sobre el papel.

2   Separa el cepellón en dos, tres o incluso cuatro trozos de aproximadamente el mismo tamaño, en función del tamaño del original. Tendrás que meter las manos a fondo y separarlo usando el tacto y la vista. Intenta no romper demasiadas raíces, porque, de otro modo, la planta tendrá que invertir mucho tiempo y energía en recuperarse de los daños en lugar de centrarse en lo que hace mejor: desarrollar fabulosas hojas nuevas para que las puedas disfrutar. Si tiras con suavidad y desenredas las raíces con cuidado, el cepellón se debería separar con relativa facilidad.

3   Si está muy enredado, es posible que tengas que cortar en la zona de la corona (la parte más espesa de la bola de raíces). Para separar el cepellón, haz cortes lo más pequeños posibles con un cuchillo limpio y muy afilado. Si te parece una técnica algo bárbara, recuerda que es una planta de hierro fundido.

4   Llena las macetas con tierra para macetas y planta los cepellones separados. Aplica la presión justa para que se mantengan derechos y en su sitio. Riega con abundante agua.

Propagación de plantas de interior

Cuidados

Agua	La aspidistra es muy comprensiva con los padres desmemoriados y tolera bien la sequía. Idealmente, le gusta permanecer húmeda en verano y ligeramente más seca en inverno. Puedes esperar a que la capa superior del sustrato esté completamente seca antes de regar de nuevo. Es esencial que el recipiente o maceta disponga de un buen sistema de drenaje, porque la aspidistra detesta el agua encharcada.
Abono	Al igual que la mayoría de las plantas de interior, solo hay que abonarla en verano. En todo caso, como las aspidistras crecen muy poco a poco, necesitan menos alimento que otras plantas de interior.
Luz	¡La aspidistra tiene una capacidad de adaptación épica! Puede con todo, desde entornos muy iluminados (aunque con luz indirecta) a esquinas oscuras y sombrías. La de Robin disfruta del sol de la mañana 1 hora, al amanecer, y luego se relaja en la sombra relativa de la cocina con orientación este que habita. Las hojas se queman si se las expone a la luz solar directa.
Temperatura	Esta planta se adapta bien a las temperaturas frescas y, como todas las plantas de interior, no soporta la calefacción.
Cuidados	Las aspidistras no necesitan mucha atención y les gusta estar a su aire, pero tampoco dejes que acumulen polvo. Límpialas con un paño humedecido cada pocos días si quieres que se mantengan resplandecientes (por cierto, la de Robin se llama Oscar).
Pruébalo también con	Espatifilo, filodendro, helecho plumoso (*Asparagus setaceus*).

Propagación de plantas de interior

Collar de corazones

(Ceropegia)

Propagación por esquejes en mariposa

Esta es una de nuestras plantas de interior preferidas, porque es prácticamente indestructible y muy fácil de propagar. La de Robin crece junto a la ducha, a la que viste de cascada tropical flanqueada por follaje exótico. El collar de corazones es originario de Sudáfrica y le encanta el calor y la humedad, por lo que el cuarto de baño es una ubicación ideal para esta planta. Sin embargo, no ha de vivir nunca en agua encharcada y hay que esperar a que el sustrato esté seco para regarla. Robin salpica la suya de vez en cuando y le añade un poquito agua templada (pero sin jabón) cuando la necesita.

La propagación por esquejes en mariposa es maravillosamente sencilla con esta planta. Los largos collares o cadenas de corazones alcanzan longitudes inmensas si la planta está contenta y se la deja hacer. La cadena volverá a crecer del corte de la planta madre, así que puedes cortar esquejes de un ejemplar maduro con toda tranquilidad.

Necesitarás

— Un recipiente de plástico en el que plantar los esquejes cuando los cortes (son esquejes compactos, por lo que un recipiente pequeño puede acomodar una cantidad sorprendente de ellos).
— Fibra de coco (empapada en agua 1 hora y bien escurrida, retorciéndola con las manos limpias) en cantidad suficiente para llenar el recipiente hasta una altura de 3-4 cm (1¼ -1½ in).
— Sustrato.
— Un cuchillo afilado o tijeras afiladas.
— Papel film o una bolsa de plástico (opcional).

Cómo propagar

Collar de corazones

1 Para empezar, prepara el recipiente de propagación llenándolo con unos 3-4 cm (1¼ -1½ in) de fibra de coco. Nosotros usamos uno de plástico, pero si vas a propagar sobre una repisa de chimenea o sobre un alféizar, te recomendamos que uses algo más decorativo (en el paso 8 encontrarás un consejo para determinar el tamaño). No escatimes en fibra de coco: necesita esa altura para retener la humedad suficiente y estimular el crecimiento de las raíces. Presiónala para compactarla y usa un pulverizador de agua para humedecerla por completo, pero no tanto como para que el agua se acumule en el fondo.

2 Corta los esquejes en pares de corazones (las mariposas) y recorta el «collar» sobrante (hasta que solo quede 1 cm/½ in) por arriba y por debajo de los pares de corazones.

3 Inserta con suavidad un extremo de cada esqueje en la fibra de coco y repite el proceso hasta que todos los esquejes (o todos los que quepan en el recipiente) estén afianzados. Da igual qué extremo claves en la fibra. El único objetivo es fijar los esquejes. Deja un poco de espacio entre ellos y evita que se toquen, porque si uno muere y se pudre, acabará pudriendo a los demás si están demasiado próximos.

Fácil   27

4 Pulveriza agua sobre los esquejes y deja que echen raíz. Te tienes que asegurar de que las macetas no se sequen, así que compruébalos a diario. Nosotros envolvemos la maceta en papel film o con una bolsa de plástico, porque así solo tenemos que regar la planta una vez a la semana. Si decides hacerlo también, tendrás que prestar especial atención y retirar los esquejes que mueran (y morirán) antes de que se pudran en la humedad bajo el plástico. El moho se extendería y, si no lo controlas, acabará con todos los esquejes.

5 Haz un agujerito en el papel film, si es que has decido usarlo, porque es un buen punto intermedio que garantiza la retención de la humedad al tiempo que permite la circulación del aire para evitar que los brotes se pudran.

6 Cuando los esquejes hayan echado raíces, verás nuevos collares en miniatura que crecen verticalmente y luego se descuelgan sobre el borde de la maceta. Si has usado papel film o una bolsa de plástico, quítalos en cuanto empiecen a salir los nuevos brotes.

7 Planta los esquejes en una maceta cuando se hayan formado dos o tres mariposas nuevas. A estas alturas, las raíces ya se habrán enredado en la fibra de coco y, aunque son bastante resistentes, desenrédalas con cuidado para no dañarlas. Extráelas con suavidad con los dedos.

8 Si tienes en mente una maceta concreta para tu nuevo collar de corazones, elige un recipiente de propagación de las mismas dimensiones que la maceta final. Así, cuando vayas a replantar la nueva planta, podrás transferir directamente la maraña de fibra de coco y de raíces, que crecerá la mar de bien una vez hayas llenado la maceta de tierra para macetas. De otro modo, corta la fibra para reducirla al tamaño necesario o extrae con cuidado las plantas y entierra las raíces en la tierra para macetas.

Cuidados

Agua	El collar de corazones necesita secarse entre riego y riego, así que modérate.
Abono	En los meses de verano, el collar de corazones te agradecerá que lo abones una vez al mes con un fertilizante líquido equilibrado para plantas de interior.
Luz	El collar de corazones es muy tolerante. Aunque le encanta la luz intensa indirecta, sobrevive en condiciones algo más sombrías si es necesario.
Nota	A veces, el collar de corazones se convierte en una cadena desnuda, sin corazones. ¿Podría ser que el encargado de regarla en tu ausencia se haya pasado con el agua? No temas recortarla, porque rebrotará con fuerza de los nodos por debajo del corte (es decir, en dirección a la raíz). Si es tu primera vez, corta solo un par o tres de cadenas, para que puedas ver cómo crecen y, así, calmar los nervios.

Propagación de plantas de interior

Costilla de Adán

Monstera deliciosa

Corte a medio tallo

Es una de las plantas más gloriosas que haya existido jamás y puede crecer hasta convertirse en un verdadero monstruo, como sugiere su nombre en latín. La costilla de Adán es una de las plantas de interior preferidas desde la década de 1970 y carece de las connotaciones negativas del plumero de la Pampa, que es una especie invasora.

Aunque el origen del nombre del género en latín, *Monstera*, se ha perdido en el tiempo, es posible que aluda al enorme tamaño de la planta o a la extraña forma de sus hojas. En las selvas tropicales de América Central, la costilla de Adán puede superar los 20 m (65 pies) de altura y usa las raíces aéreas que verás también en la que tienes en casa para escalar por el dosel arbóreo. La segunda parte del nombre científico, *deliciosa*, hace referencia a la fruta, que en el siglo XIX se cultivaba y de la que se decía que era un cruce entre una piña y un plátano. Si bien es cierto que la nuestra jamás ha producido nada semejante a un fruto, también lo es que Londres no es conocido precisamente por su industria de frutas tropicales cultivadas en casa.

Se pueden cortar tantos esquejes de una costilla de Adán que, si estuvieras dispuesto a canibalizar la tuya, podrías propagar decenas de plantas nuevas a partir de un ejemplar grande. Tanto si es grande y frondosa como si tiene tallos largos con pocas hojas o ninguna, la costilla de Adán es una planta ideal de la que obtener esquejes.

Necesitarás

— Una maceta lo bastante grande para plantar
  el esqueje.
— Tierra para macetas.
— Un cuchillo afilado.
— Una caña y cordel (opcionales).

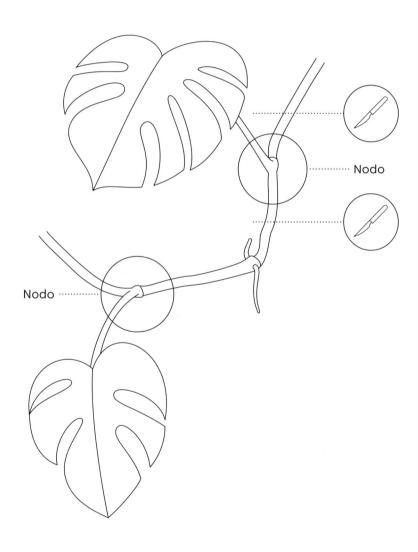

Nodo

Nodo

Cómo propagar

Costilla de Adán

1   Cada planta es distinta, así que tendrás que inspeccionar detenidamente los tallos de la tuya para entender dónde hacer los cortes. Da igual que la planta no tenga hojas, la clave reside en encontrar los nodos, que son las protuberancias en las que crecen, o crecían, las hojas. Si puedes, elige una sección del tallo de aspecto saludable, con hojas grandes, lustrosas y firmes, no flácidas. Si vas a propagar porque tu costilla de Adán está enferma, merece la pena que lo intentes. Busca el tallo más sano posible.

2   Prepara la maceta llenándola de tierra para macetas y aplana la superficie.

3   Corta un primer esqueje, a unos 5 cm (2 in) sobre un nodo (es decir, en dirección opuesta a las raíces). Si solo vas a cortar uno, corta el extremo superior del tallo.

4   Si vas a cortar más de un esqueje, haz el segundo corte justo por debajo del siguiente nodo inferior (es decir, en dirección a las raíces). Así tendrás dos esquejes, el de la punta, o terminal, y otro a medio tallo. La longitud de los esquejes dependerá de la distancia entre los nodos. Si están muy cerca los unos de los otros, quizás tengas que incluir más de uno en el esqueje. La clave está en que cada esqueje contenga al menos uno. Idealmente, uno de los nodos del esqueje debería tener una hoja, porque, entonces, las probabilidades de que el esqueje eche raíces serán mayores.

5

La costilla de Adán echa raíces desde los nodos, no de la superficie cortada, por lo que no es necesario que sumerjas el esqueje en hormonas enraizantes en polvo. Si el esqueje tiene hojas, determinar qué lado de la planta ha de quedar hacia arriba es sencillo, pero si no tiene ninguna, presta especial atención a cuáles son los extremos superior e inferior del esqueje desde el principio, para no confundirlos. Dispón el esqueje plano sobre la superficie de la tierra para macetas y presiona para enterrarlo, a excepción del tallo de la hoja (o peciolo), que ha de quedar sobre la superficie. Si las hojas son grandes, es posible que inclinen el esqueje o que, incluso, lo desentierren por completo. Para evitarlo, clava una caña en la tierra y, con un cordel, ata una de las hojas para mantener al esqueje en posición. Idealmente, habrás cortado un esqueje con dos o tres hojas, pero la costilla de Adán es tan vigorosa que intentará echar raíces incluso si no tiene ninguna. De todos modos, las probabilidades de éxito son menores, así que usa este método solo si no tienes otra opción.

6

Las primeras hojas que broten de la planta nueva serán pequeñas y carecerán de las características hendiduras de las hojas de las plantas maduras. Es una parte absolutamente normal del desarrollo de la planta, cuya hojas grandes y con hendiduras se formarán durante los meses siguientes.

Consejo

La costilla de Adán también se puede propagar colocando el esqueje en un tarro de vidrio alto o en otro recipiente similar lleno de agua unas semanas. Lo mejor de empezar en el agua es que serás testigo del desarrollo de las raíces. Además, es un método más rápido que plantar el esqueje en tierra para macetas. Sin embargo, has de tener en cuenta un par de cosas:

• Hay que cambiar el agua con regularidad, 1-2 veces a la semana.

• Si el esqueje pasa mucho tiempo echando raíces en el agua, producirá raíces acuáticas. Si la intención es replantar la planta en tierra para macetas, corta las raíces a unos 2 cm (¾ in) de longitud y deja el esqueje en agua 2 semanas más, hasta que haya desarrollado raíces nuevas de unos 2 cm (¾ in) de longitud, también. Estas raíces nuevas aún no se habrán especializado y se adaptarán a la tierra.

Cuidados

Agua	Tendrás que regar la planta cada 2 semanas en verano (o cada semana si hace mucho calor), pero seguramente baste con que la riegues una vez al mes en invierno (dependiendo de la temperatura a la que tengas la calefacción). Riega solo cuando los dos centímetros superiores (1 in) del sustrato estén completamente secos. Si puedes, usa agua de lluvia o agua filtrada, sobre todo si vives en una zona de aguas duras. La costilla de Adán adora la humedad, pero tolera bien la sequedad de la mayoría de los hábitats de interior. Si la rocías con agua y le limpias las hojas con un paño húmedo de vez en cuando, te amará para siempre.
Abono	Alimenta a tu costilla de Adán cada mes durante la temporada de crecimiento con un fertilizante líquido universal. Abónala inmediatamente cuando la replantes, porque necesitará nutrientes adicionales en este periodo de estrés y de crecimiento nuevo.
Luz	A la costilla de Adán le encanta la luz, pero ha de ser indirecta. Si acabas de comprar una, es probable que se haya aclimatado a la luz indirecta, porque la mayoría de las plantas de interior comerciales proceden de un entorno así. De todos modos, puede adaptarse gradualmente a una luz más directa.
Nota	Las hojas y el tallo de la costilla de Adán pueden irritar la piel y los ojos, al igual que el fruto cuando aún no ha madurado. Asegúrate de lavarte siempre las manos con agua y jabón después de manipular los esquejes. Si, contra todo pronóstico, consigues que tu planta dé fruto, no será comestible hasta que las escamas exteriores se hayan caído. ¡Buena suerte!
Pruébalo también con	Drácena, potus (*Epipremnum aureum*) y maranta tricolor (*Maranta leuconera*).

Propagación de plantas de interior

Cinta

(Chlorophytum comosum)

Estolones

La cinta es la planta ideal para los novatos de la propagación: no hay otra mejor con la que iniciarse, porque se puede propagar no de una, sino de dos de las maneras más sencillas. Las plántulas que crecen de los estolones que brotan de la planta madre son, básicamente, el resultado de la cinta propagándose a sí misma.

No se trata de una situación madre-hija estrictamente hablando y el proceso tiene más en común con la oveja Dolly, porque las plántulas son, en realidad, clones de la planta original. (En 1996, Dolly, una oveja escocesa, se hizo famosa, tristemente o no, porque se convirtió en el primer animal del mundo en ser clonado, es decir, creado a partir del material genético de un único progenitor, del que era una copia exacta.) Cada plántula es también una copia genética exacta de la planta madre. Cuando una cinta ha madurado y está contenta, produce estolones que florecen. Si las flores no son fertilizadas, desarrollan sus propias raíces adventicias y se convierten en una cinta diminuta lista para independizarse.

Poco después de que Robin se mudara a Londres, hacia el cambio de milenio y cuando nadie hablaba de otra cosa que no fuera el efecto 2000 en los sistemas informáticos, se trasladó a Broadway Market, en Hackney. A pesar del nombre, apenas había mercado más allá de un puñado de tiendas que sobrevivían a duras penas y de una mujer que, aparentemente, solo vendía cintas desde el maletero de un Volvo abollado. Sin embargo, su modelo de negocio era terrible, porque no hemos tenido que comprar otra cinta desde entonces. Nos hemos limitado a propagar la diminuta cinta que compramos hace más de 20 años.

Necesitarás

— Si vas a usar sustrato: macetas (las de 10 cm/4 in de diámetro son ideales), tierra para macetas y clips.

— Si vas a usar agua: vasos o tarros de vidrio y canicas/guijarros (opcionales).

— Tijeras, tijeras de podar o un cuchillo afilado.

Cómo propagar
Cinta

1 Cuando la cinta sea una planta madura, desarrollará estolones horizontales semejantes a tallos y con flores en un extremo. Una vez se empiecen a formar las plántulas, coloca a la planta madre en el centro de una mesa o en el suelo, porque necesitarás una superficie lo bastante grande para las plántulas y sus macetas.

2 Para propagar en tierra, cuenta las plántulas y llena el mismo número de macetas pequeñas con tierra para macetas. Disponlas alrededor de la planta madre y coloca cada plántula sobre una maceta, de modo que el estolón no se tuerza ni quede demasiado estirado. Una vez hayas encontrado la posición natural para la maceta, presiona la plántula sobre la tierra para macetas y fíjala con un clip de papel abierto, para ayudarla a echar raíces.

3 El proceso es similar si vas a propagar en agua y solo tienes que sustituir las macetas y la tierra por vasos o tarros y agua. No los llenes demasiado, porque solo necesitas cubrir las raíces en desarrollo. Puedes mantener las plántulas en su sitio con canicas o guijarros, de modo que solo toquen el agua por la base. El nivel del agua descenderá a medida que la planta absorba el líquido y por la evaporación, así que tendrás que ir rellenando el vaso.

4

Al cabo de unas semanas, empezarás a ver que las plántulas han desarrollado sus propias raíces, ya sea en las macetas o en el agua. Corta por el punto de unión el estolón que une a la plántula con la planta madre con unas tijeras normales, unas tijeras de podar o un cuchillo afilado. Si las plantas nuevas han echado raíces en el agua, este es el momento de plantarlas en una maceta con sustrato para que sigan creciendo y se conviertan en una cinta fuerte y sana.

Consejo

Si lo prefieres, te puedes limitar a cortar las plántulas que cuelgan de la planta madre. Espera a que hayan desarrollado sus propias raíces adventicias por debajo, córtalas y deposítalas en una maceta o en agua para que sigan desarrollando las raíces.

Las raíces de las cintas tienden a arracimarse (cuando ocupan toda la maceta y quedan constreñidas, lo que limita el crecimiento y la vitalidad de la planta), así que deberías o bien replantarlas en macetas más grandes o bien dividir el cepellón (véase cómo propagar la aspidistra, en la p. 19), cada par de años.

Cuidados

Agua	A las cintas les gusta el agua en la medida justa, así que regar poco y con frecuencia es ideal para ellas. De todos modos, son bastante sufridas. Eso sí, intenta no dejar que se sequen.
Abono	Aliméntalas con un fertilizante universal en primavera y en verano a partir del segundo año. Durante el primero, la nueva tierra para macetas que habrás usado para plantarlas les debería proporcionar alimento suficiente.
Luz	Se suele decir que las cintas han de crecer bajo la luz indirecta, pero un poco de luz directa no debería ser un problema, sobre todo si tu cinta es variegada, porque necesitará un poco más de luz para hacer la fotosíntesis. Experimenta con las plantas nuevas. Es probable que tengas tantas que te puedas permitir probar con alguna, si realmente quieres poner una al sol. Si no le gusta, te lo hará saber: las puntas de las hojas se volverán marrones.
Temperatura	Las cintas pueden vivir en el exterior en verano en las zonas templadas y toleran un amplio abanico de temperaturas y de niveles de humedad.

Propagación de plantas de interior

Nopalillo cegador

(Opuntia microdasys)

Esqueje de segmentos

Paul tuvo su primera experiencia como propagador de cactus durante una mudanza. Aunque es imposible evitar que las plantas de interior acaben el traslado algo magulladas, su sufrido nopalillo cegador (u opuntia) quedó aplastado tras un microondas mal colocado y acabó roto en tres fragmentos.

La buena noticia es que a los cactus no les importa romperse, porque desarrollan plantas nuevas de cada segmento. De hecho, producen versiones diminutas de sí mismos de forma natural. Aunque no hay una técnica de propagación mágica, suscitar las condiciones necesarias para que las plantas nuevas prosperen puede ser complicado si eres un «hipercuidador». Los cactus son plantas del desierto, lo que significa que son muy sensibles al exceso de agua. Están acostumbrados a pasar meses tostándose al sol en su hábitat natural antes de recibir lluvia alguna y son verdaderos expertos en el arte de acumular agua siempre que tienen ocasión. Aunque cabría esperar que una planta tan sedienta como esta tuviera raíces muy profundas, sus sistemas radiculares son superficiales y extensos, para absorber tanta agua superficial como les sea posible antes de que el sol regrese y evapore la lluvia.

Acuérdate de no tocar las finísimas espinas sin guantes. A pesar de que tiene aspecto de conejito achuchable, es solo eso, mera apariencia. Si se apellida «cegador» es por algo.

La técnica de propagación que hallarás a continuación funciona con una amplia variedad de cactus, siempre que lo hagas a principios de verano y no en invierno. En casa hemos tenido éxito con la barba de viejo (*Pilosocereus chrysacanthus*), la *Coryphantha* y la vela del desierto.

Necesitarás

— Guantes de jardinería.
— Tijeras de jardinería o cuchillo de podar.
— Maceta de arcilla pequeña.
— Guijarros o rocas, para el drenaje.
— Perlita.

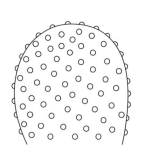

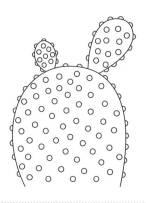

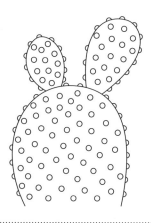

Cómo propagar

Nopalillo cegador

1	Ponte los guantes de jardinería y chasca o corta con las tijeras o el cuchillo un segmento de nopalillo. Este esqueje será tu nuevo cactus bebé.
2	Deja el esqueje sobre un alféizar seco, limpio y soleado hasta que la herida se haya secado y haya formado un callo (tardará unas 48 horas).
3	Llena una cuarta parte de la maceta con guijarros o piedras pequeñas.
4	Ahora, acaba de llenar la maceta con sustrato de perlita.
5	Planta el esqueje en la maceta introduciéndolo 2-4 cm (¾ -1½ in) en el sustrato de perlita. Si el esqueje es muy pesado en la parte superior y no se sostiene solo, puedes tenderlo horizontalmente sobre el sustrato.
6	Deja la maceta en un lugar seco y soleado y riégala con muy poca cantidad, pero con frecuencia. Sabrás que el esqueje ha echado raíces porque seguirá creciendo y acabará produciendo sus propios segmentos.

Propagación de plantas de interior

Cuidados

Agua	Recuerda que los cactus son muy sensibles al exceso de agua, que puede causar podredumbre de la raíz. En verano, y si está en una estancia cálida, riégalo una vez cada 1-2 semanas, pero asegúrate de que el sustrato de perlita se seque del todo entre un riego y el siguiente. Si usas un gotero, asegúrate de que el agua no se acumule. En verano, cuando la planta entre en dormición, bastará con que la riegues una vez al mes o incluso menos.
Abono	Abónalo con fertilizante para cactus una vez al año, en primavera o a principios de verano.
Luz	Aunque les encanta el sol, los cactus también se pueden quemar si reciben una luz demasiado directa o persistente, así que elige un lugar donde reciban al menos un poco de sombra en algún momento del día.
Temperatura	Como seguramente supongas, los cactus adoran el calor de los meses cálidos, pero acuérdate de mantenerlos en un lugar algo más fresco en invierno, durante la dormición.
Pruébalo también con	Cactus dedal (*Mammillaria gracilis*), cactus lirio de Pascua (*Echinopsis subdenudata*).

De plantas, macetas y personalidades

La mayoría de las guías de propagación adoptan un enfoque utilitario a la hora de elegir las macetas y los utensilios. Nosotros nos reunimos con el ceramista Alex Smith (@alexsmithceramics), cuyo taller está en Hackney (Londres) y con quien descubrimos que los recipientes de propagación también pueden ser alegres.

Eres ilustrador, animador y ceramista. ¿Dónde encaja la propagación?
Paso mucho tiempo en el mostrador o en el estudio, por lo que permanezco muchas horas en el mismo sitio y he descubierto que propagar esquejes y rodearme de todas esas plantas en miniatura dota de una energía increíble a mi espacio de trabajo. Me gusta realzar la personalidad de cada planta creando recipientes y macetas que encajen con ellas. Cada planta tiene su propia personalidad y es algo que da mucho juego a la hora de decorar un mostrador.

A nosotros nos encanta usar macetas de exterior para las plantas de interior, porque cambian la energía del salón en cuestión de minutos. ¿Cómo usas el estado de ánimo y la personalidad de las plantas en el lugar de trabajo?
Muchas de las macetas y tiestos que torneo tienen rostro, pero de verdad. Planto cactus de crecimiento lento en macetas con el rostro de un anciano aletargado y para las tomateras, de energía desorbitada, elijo maceteros con una expresión igualmente psicótica. Esas personalidades llenan mi estudio. ¡No acabo nunca!

La propagación te debe de resultar algo surrealista, como nos sucede a nosotros. Al fin y al cabo, se trata de generar un organismo vivo nuevo. ¿Cómo captas esa idea en la cerámica?
La propagación tiene una cualidad onírica que me inspira. Una de mis últimas obras preferidas se llama el «cultivador». Es un personaje de cerámica diminuto sentado en el lateral de una taza de agua que también funciona como tiesto autorregante para plántulas. Es como una obra de arte en movimiento. Cada día crece y cambia un poquito y me encanta ver cómo interactúa con la naturaleza. Es una manera fantástica de celebrar una planta o un esqueje nuevos.

En la investigación para este libro, reflexionamos acerca de las plantas que enseñaríamos a propagar, pero tú has empezado a cultivar algo venenoso. ¡Explícanos cómo diantres se te ha ocurrido cultivar tu propia belladona!
Pues, si os soy sincero, fue por pura curiosidad. La primera vez que oí hablar de la *Atropa belladonna* fue cuando estudiaba cine. Nos explicaron que las primeras estrellas de Hollywood la usaban para dilatar las pupilas y que su mirada resultara más seductora a los espectadores. Hay que tener mucho cuidado con ella, porque es venenosa tanto para las personas como para los animales. Además, también cultivo unos tomates negros que forman parte de la misma familia, así que he tomado medidas adicionales para no confundir las plantas.

Propagación de plantas de interior

Tomatera

(Solanum lycopersicum)

Esqueje de brotes axilares

Cada año cultivamos tomates en el huerto y cada año nos disgustamos porque no sabemos qué hacemos mal. No es que no consigamos una cosecha de tomates, sino que nunca están a la altura del concurso de belleza en tecnicolor con que sus compadres nos bombardean en Instagram a finales de verano. Parece que niños de seis años de cualquier parte del mundo son capaces de cultivar sin el menor esfuerzo tomates mejores que los nuestros.

Sin embargo, cuando llegan, lo hacen en tropel y nos ofrecen cestos y cestos de fruta madurada al sol a lo largo de un breve periodo de tiempo. Los cosechamos a mano, los secamos al sol y los regalamos a los vecinos para aprovechar al máximo el botín repentino. Propagar una tomatera a medida que crece es una manera fantástica de escalonar la cosecha, porque produce plantas distintas que maduran en momentos diferentes a lo largo del verano.

La tomatera, angulosa y rebosante de energía, no es la más bonita de las plantas. Durante la temporada de crecimiento, los impacientes brotes axilares crecen en todas direcciones en una explosión de energía electrizante. Hay que cortarlos, tanto si se quiere propagar como si no, porque desvían energía hacia la producción de demasiadas hojas e inhiben la producción de frutos. La clave de la propagación fácil reside precisamente en estos brotes diminutos. Piensa en ellos como pequeñas plántulas que se quieren independizar de una planta madre sobreprotectora.

Necesitarás

— Tijeras de poda.
— Un vaso de agua limpia y fresca.
— Una maceta pequeña.
— Tierra para macetas.

Cómo propagar
Tomatera

1 Encuentra un brote axilar sano de unos 10 cm (4 in) de longitud y sin plagas ni mildiu en una planta madre consolidada que produzca brotes axilares no deseados. Córtalo con unas tijeras de poda.

2 Si el brote tiene varias hojas, retira las inferiores y deja un tallo limpio y recto.

3 Mete el tallo en el vaso de agua y colócalo en un entorno luminoso y cálido, pero sin luz solar directa. Nosotros acostumbramos a elegir un alféizar de la cocina, porque así podemos controlar el esqueje a medida que crece.

4 Cambia el agua a diario y rellena el vaso de manera que el tallo quede sumergido, pero las hojas estén siempre secas. Al cabo de 1-2 semanas, el esqueje habrá desarrollado su propio sistema radicular sano y estará preparado para la maceta.

5 Cuando las raíces nuevas te resulten satisfactorias, llena la maceta pequeña con tierra para macetas y, con un dedo, haz un agujero en el que quepa el esqueje. Introduce las raíces del esqueje en el agujero, tápalo y apriétalo con cuidado con los dedos.

6 Riega la nueva tomatera, deja la maceta en un lugar cálido, luminoso y, a poder ser, húmedo, y disfruta viendo creer a la planta clonada.

Cuidados

Agua	Los tomates necesitan mucha agua, sobre todo si crecen en macetas. No se pueden secar, lo que significa que tendrás que regarlos entre dos veces al día y una vez a la semana. Controla que no se marchiten y que las raíces no se sequen, y averigua cuánta agua necesita tu tomatera.
Abono	Cuando la tomatera florezca, aliméntala semanalmente con fertilizante líquido para tomateras. Llegado este punto, retira algunas de las hojas que dan sombra a las flores, para que la fruta reciba más luz.
Luz	A las tomateras les encantan los lugares soleados, pero a cubierto, como los invernaderos luminosos. Les gusta el sol directo con moderación, pero se queman si es demasiado.
Temperatura	A los tomates les encanta el calor y prosperan en politúneles y detrás de cristal.
Pruébalo también con	Prueba a cultivar tomates con albahaca, que necesita las mismas condiciones. Además, la combinación de ambos es deliciosa. La puedes propagar de la misma manera que los brotes de tomate y la mejor manera de disfrutar tanto de la una como de los otros es directamente de la planta, en una cálida noche de verano.

Propagación de plantas de interior

Árbol de jade

(Crassula ovata)

Esqueje de hojas

Quien diga que no hay árboles de dinero se equivoca. Y punto. El árbol de jade también se conoce como árbol de la suerte, árbol del dinero y, en ocasiones, planta del dinero. Procede del cálido clima de Sudáfrica y de Mozambique, pero ahora crece en casas de todo el mundo, entre otras cosas porque cultivarlo es extraordinariamente sencillo y precisa un nivel de cuidados mínimo. No necesita mucha agua y puede crecer tranquilamente en una esquina, sin estrés, durante semanas y semanas. Con solo un poquito de cuidados y de atención, tu árbol de jade vivirá más que tú, porque muchos viven más de 100 años.

En estado silvestre, el método de reproducción del árbol de jade (al igual que el de otras suculentas) es la propagación vegetativa, que consiste en dejar caer hojas, o incluso ramas, que echan raíz cerca de la planta original. Y eso explica por qué propagarla es tan extraordinariamente sencillo.

Hay quien cree que el árbol de jade trae buena suerte, dinero y prosperidad. En nuestra experiencia, lo que trae es una plaga diminuta en forma de cochinillas blancas. Si estos polizones han colonizado tu planta, lo sabrás porque verás manchas blancas y esponjosas en el tallo. Estas cochinillas también desprenden una sustancia pegajosa que se llama ligamaza y que es un caldo de cultivo para varias enfermedades fúngicas. Si, como nos ha sucedido a nosotros, tienes la mala suerte de descubrir una infestación de cochinillas blancas, bastará con que pulverices una mezcla de agua y vinagre al 50 % sobre la zona afectada para eliminarla. No dejes que esto te desanime. Cultivar árbol de jade es facilísimo. Si el tuyo está especialmente contento con cómo lo tratas, florecerá en invierno con una flor de aroma dulce.

Necesitarás

— Papel de cocina.
— Una maceta pequeña.
— Sustrato de perlita.

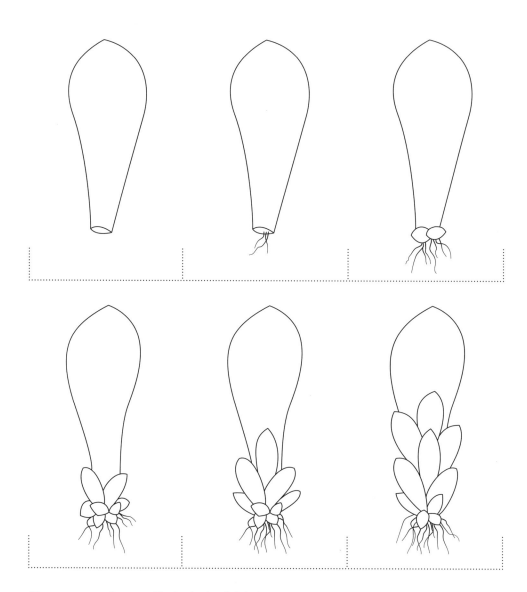

Cómo propagar

Árbol de jade

1 ———— Comienza por elegir la hoja de aspecto más saludable que puedas encontrar y córtala del tallo (elige una hoja grande y carnosa, sin marcas ni golpes).

2 ———— Deposita la hoja en una superficie seca, como papel de cocina, y déjala un día o dos en un lugar seco, como un alféizar soleado, para que la herida se seque y forme callo.

3 ———— Llena la maceta pequeña con sustrato de perlita y riégala con moderación. Asegúrate de que la maceta drene bien: a los árboles de jade les gusta la tierra seca.

4 ———— Coloca la hoja sobre el sustrato de perlita en la maceta y déjala en un lugar soleado. Riégala con regularidad para que el sustrato de perlita no se seque.

5 ———— Al cabo de unas 4 semanas, verás que la hoja cortada empieza a desarrollar raíces que, al principio, serán como un vello fino. Asegúrate de no interferir con su descenso hacia el sustrato y no sacudas ni muevas el esqueje. Poco después de la aparición de las raíces, aparecerán hojas diminutas con aspecto de burbujita.

6 ———— Al cabo de varias semanas más, la hoja de jade habrá dado lugar a un árbol de jade independiente. Ahora ya será lo bastante grande como para que lo puedas replantar en la maceta definitiva.

Propagación de plantas de interior

Cuidados

Agua	Regar en exceso un árbol de jade durante las rondas semanales con la regadera es muy fácil. Si te pasas con el agua, puedes provocar la caída de las hojas y podredumbre de la raíz.
Abono	En verano, riega el árbol de jade una vez al mes y añade al agua de riego un poco de fertilizante para suculentas.
Luz	Lo mejor para el árbol de jade es un entorno muy luminoso.
Temperatura	Esta planta crece bien a temperatura ambiente en un entorno seco.
Pruébalo también con	Calanchoe (*Kalanchoe blossfeldiana*).

Propagación de plantas de interior

Planta del dinero china

(*Pilea peperomioides*)

Plántulas

Por extraordinario que pueda parecer, hubo que esperar a 1984 para que se publicara la primera imagen conocida de una planta del dinero china (apareció en *Kew Magazine*). Es un magnífico ejemplo de una planta que ya había llegado a hogares de todo el mundo gracias a una red de jardineros aficionados cuando los botánicos la reconocieron como una planta digna de atención.

Aunque en China ya era popular como amuleto de buena suerte, el viaje de esta planta a Europa fue tan misterioso que, en 1983, *The Sunday Telegraph* publicó un artículo en el que pedía a los lectores que se pusieran en contacto con el Jardín Botánico de Kew si podían ayudar a resolver el enigma de su llegada al Reino Unido. Una familia pudo ayudar y explicó que su planta propagada había sido regalo de una *au pair* noruega.

El artículo llamó la atención de Lars Kers, del Jardín Botánico de Estocolmo, que llevó la planta a un popular programa de televisión noruego para mostrársela a la audiencia. La avalancha resultante de preguntas y de cartas desveló por fin el misterio. En 1945, un misionero escandinavo llamado Agnar Espegren se llevó consigo un esqueje durante su huida de la provincia china de Hunan al final de la Segunda Guerra Mundial. Propagó la planta y se la regaló a sus amigos. Por eso se la conoce también como «planta del misionero».

Puedes propagar la planta con esquejes del tallo, pero no hay motivo para ello. Si la cuidas y es feliz, se propagará sola y producirá abundantes versiones en miniatura de sí misma. Sigue los pasos siguientes para sacar el mayor provecho de los vástagos de esta planta.

Necesitarás

— Una maceta pequeña.
— Tierra para macetas.
— Un cuchillo afilado.

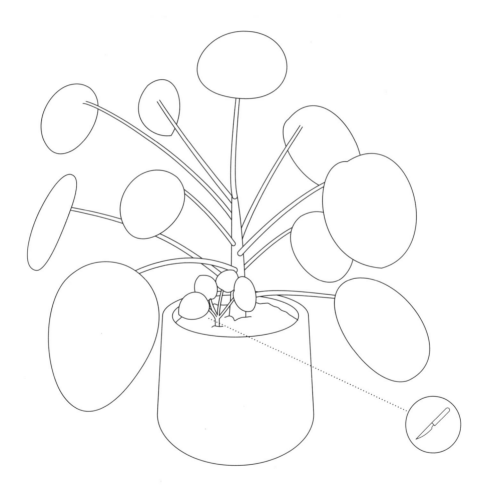

Cómo propagar

Planta del dinero china

1   Unas semanas antes de empezar a propagar, traslada tu planta del dinero china adulta a un lugar más luminoso del habitual (pero no la expongas a la luz solar directa) y presta más atención al riego. El objetivo es ofrecer a la planta niveles óptimos de luz y de agua para activar su propagación.

2   Deberías ver que aparecen pequeñas plántulas a los pies de la planta adulta. Déjalas crecer hasta que todas cuenten con varias hojas.

3   Cuando vayas a propagar la planta, llena una maceta pequeña con tierra para macetas. Corta con el cuchillo una plántula de la base del tallo.

4   Planta la planta nueva en la maceta que has preparado y riégala inmediatamente. Mantén húmeda la tierra para macetas las semanas siguientes, mientras la planta desarrolla su sistema radicular.

Propagación de plantas de interior

Cuidados

Agua	Riégala aproximadamente una vez a la semana. No la riegues en exceso ni dejes que el agua se encharque, porque la planta perdería las hojas.
Abono	Alimenta las plantas una vez al mes en primavera y verano.
Luz	La planta del dinero china quiere luz, así que mantenla en un lugar iluminado, pero al abrigo de la luz del sol directa.
Temperatura	Estas plantas viven mejor a temperatura ambiente y no se pueden enfriar. Evita que la temperatura descienda por debajo de los 10 °C (50 °F).
Pruébalo también con	Plátano rosa (*Musa velutina*, solo obtendrás plántulas de la variedad *Musa*) y pluma de indio (*Vriesea*).

Las plantas conectan a las personas

Munir Malik es director y escritor, además de un obseso de la propagación. Le preguntamos por qué la tradescantia es su planta preferida.

¿Por qué es tan especial para ti la tradescantia?
Descubrí esta planta cuando llevé en coche a Anna-Maria, mi mejor amiga y compañera de piso durante nueve años, de vuelta a su casa, en Colonia. La planta caía en cascada del balcón de su hermano y no pude evitar llevarme un esqueje a casa. Se ha convertido en el símbolo de nuestra amistad imperecedera. Lo mejor de todo es que propagarla es muy sencillo. Los tallos están segmentados de forma visible, así que me limito a cortar un trozo, que dejo en agua 2 semanas o hasta que empiezan a salir raíces de los nodos.

Cuando propagamos, a veces nos entusiasmamos y acabamos con más de lo que podemos abarcar. ¿Te sucede a ti lo mismo con la tradescantia?
No, creo que nunca tendré demasiada. En su hábitat natural, en México, se desparrama sobre el terreno, por lo que cuando se cultiva en casa tiende a desarrollar tallos muy largos con pocas hojas. La propagación es una manera fantástica de darle forma produciendo múltiples clones pequeños y plantándolos en el macetero original para producir una forma más redondeada. El otro motivo por el que nunca tendré demasiados múltiplos de esta planta es que es un regalo genial para los amigos. Durante los últimos años, me he mudado más veces de las que me gusta mencionar y siempre dejo detrás de mí una tradescantia. He dejado un verdadero rastro vegetal por toda Europa.

¿Algún consejo para tener a la tradescantia lo más contenta posible?
Es muy fácil de cuidar y crece con mucha rapidez: durante la temporada de crecimiento, casi se la puede ver crecer y avanzar por el suelo del comedor. Tolera la sequía, así que prospera igual de bien si te olvidas de ella de vez en cuando, pero también es feliz si la riegas cada semana. En resumen, no puedes fallar. Me he dado cuenta de que desarrolla colores más vibrantes cuando está a pleno sol. En entornos más sombríos, las hojas se vuelven de un verde pálido. También tuve un par de accidentes en los que la planta creció tanto por un lado que acabó cayendo de la estantería. Desde entonces, me aseguro de usar un macetero externo pesado y bien equilibrado. Así evito las sorpresas desagradables.

Hemos leído que la tradescantia mejora la calidad del aire en interiores porque filtra compuestos orgánicos volátiles (contaminantes e irritantes). ¿Por eso es tu planta favorita?
Sí, por supuesto. Y estas plantas también son fantásticas para estancias con problemas de humedad, porque contribuyen a regular la humedad del aire. Ah, y otra cosa. En primavera, producen unas flores bellísimas de un delicado color rosa. Son muy bonitas.

Dificultad intermedia

Propagación de plantas de interior

Violeta africana

(Streptocarpus sect)

Esqueje de hojas (peciolos)

A los Two Dirty Boys nos gusta lo extravagante y ese en parte el motivo por el que las plantas nos chiflan: son la encarnación de la extravagancia. Muchas demuestran una tendencia clara hacia lo fabuloso y lo llamativo, mientras que otras, como la violeta africana, adoptan un tipo de extravagancia distinto, menos a la moda, pero igualmente maravilloso. Lo podríamos llamar extravagancia inglesa, llena de juegos de té, pañuelos de seda, sonrisas irónicas y clubes masculinos, cuyas mesas adornan con frecuencia las violetas africanas, justo al lado del cenicero a rebosar. Esta planta ha ganado admiradores últimamente, quizás porque la rueda de la moda ha vuelto a girar o, quizás, como un guiño deliberado al pasado turbio de esta bella planta.

Las violetas africanas son perfectas para estrenarse con los esquejes de hoja. Esta variación del método es para plantas con un peciolo, el nombre científico del rabillo que une la hoja al tallo de la planta.

Necesitarás

— Una maceta del tamaño suficiente para acomodar
   la hoja.
— Tierra para macetas.
— Un cuchillo afilado.
— Una bolsa de plástico transparente lo bastante
   ancha para abarcar la maceta.
— Una goma elástica o cordel.

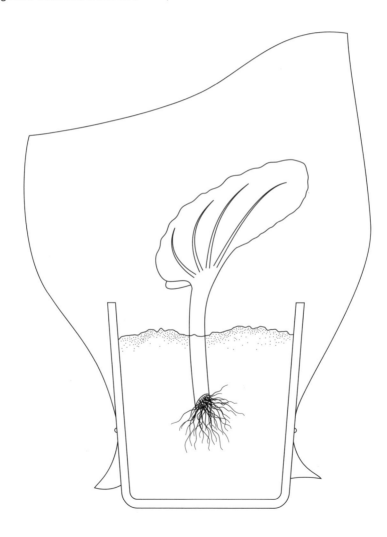

Cómo propagar

Violeta africana

1   Empieza por preparar la maceta llenándola de tierra para macetas y afirmando la superficie.

2   Elige hojas que ya hayan crecido casi del todo. Estarán en el punto de crecimiento más rápido y, además, se habrán desarrollado lo suficiente para sobrevivir al trauma de la amputación de la planta madre. Corta la hoja elegida y hasta 4 cm (1½ in) de peciolo con un corte limpio y de bordes lisos.

3   Inserta con cuidado el extremo inferior del peciolo en la tierra para macetas, a una profundidad suficiente para que la hoja se mantenga erguida. Reafirma con suavidad la tierra alrededor de la hoja, para que se mantenga en su sitio.

4   Cubre el esqueje con una bolsa de plástico transparente por encima y fíjala a la maceta con una goma elástica o un cordel para mantenerlo a una buena temperatura, húmedo y sin enfermedades en la raíz. Ahora, observa cómo crece una planta nueva a partir del peciolo enterrado.

5

Las plantas nuevas deberían empezar a aparecer al cabo de 4-5 semanas. Entonces, puedes retirar la bolsa y dejar que crezcan hasta que las puedas replantar por separado. Es posible que necesiten hasta 2 meses para llegar a ese punto, así que sé paciente.

6

Cuesta determinar si las hojas han echado raíces o no, por lo que te recomendamos que propagues más cantidad de la que necesites, de modo que puedas sacrificar alguna al cabo de un mes y desenterrarla para comprobar si ha echado raíces o no. Resiste la tentación de hacer una «prueba de tirado» con las demás, porque lo único que conseguirás es dañar las delicadas raíces que pueda haber. Así que asume que todas las hojas están en la misma fase de enraizamiento.

Consejos

En teoría, puedes propagar la violeta africana en cualquier momento del año, pero las probabilidades de éxito son siempre menores en invierno a no ser que tengas un propagador con luz artificial y una fuente de calor.

Si tienes plantas grandes, también las puedes dividir cortándolas en secciones o podando los chupones y plantándolos. De todos modos, a nosotros nos parece más divertido hacerlo con los esquejes de hoja, que tienen una cualidad casi mágica.

Cuidados

Agua	La violeta africana es muy sensible al agua fría, así que riégala siempre con agua a temperatura ambiente y evita que esta caiga sobre las hojas. Lo que sí necesitan es un entorno húmedo y, si quieres obtener los mejores resultados, coloca la maceta sobre una bandeja de grava medio llena de agua. Cuando la superficie de la maceta se seque, riega las plantas colocándolas sobre bandejas de agua 30 minutos, para que la tierra absorba la humedad.
Abono	Si quieres flores de colores vivos, alimenta la violeta cada mes con fertilizante de plantas de interior líquido, que puedes añadir a la reserva de agua de las bandejas de riego.
Luz	Aunque las violetas africanas proceden de África, tal y como sugiere su nombre (son oriundas de Tanzania y de la costa de Kenia, para ser exactos), son plantas de interior sorprendentemente sufridas y les encanta la luz solar difuminada en primavera y en verano. Sin embargo, cuando llegue el invierno, es conveniente que las traslades a un alféizar orientado hacia el sur (o hacia el norte, si estás en el hemisferio sur). Asegúrate de que las mantienes al abrigo de las corrientes de aire en todo momento.
Pruébalo también con	Flor de la cera (*Hoya*) y peperomia.

Propagación de plantas de interior

Filodendro hoja de corazón

(Philodendron)

Acodos compuestos

«Filodendro» procede del griego antiguo *philo*, que significa «amar», y *dendron*, que significa «árbol», porque muchos filodendros son trepadores fantásticos y, con frecuencia, se venden como plantas de interior aferradas a un tronco de fibra de coco para que puedan trepar por él. Alcanzan alturas extraordinarias en estado silvestre y, como plantas de interior bien cuidadas y en condiciones ideales, también se pueden asilvestrar bastante. Ese es el momento ideal para propagarlos y regalárselos a amigos y a familiares.

El método que describimos aquí es apto para la mayoría de las plantas trepadoras, así que, la próxima vez que tengas que podar un ejemplar descontrolado, prueba a propagarlo.

Necesitarás

— Macetas (una para cada nodo que vayas
   a propagar).
— Tierra para macetas.
— Clips.
— Cuchillo afilado.

Cómo propagar

Filodendro hoja de corazón

1 Decide qué tallo de la planta vas a propagar. Llena las macetas de tierra para macetas.

2 Mueve la planta de sitio si es necesario, porque necesitarás espacio para extender el tallo que vas a propagar. Coloca las macetas en fila una detrás de otra junto a la planta madre.

3 Dispón el tallo elegido sobre las macetas, separadas entre ellas, de manera que los nodos (los puntos de unión entre las hojas y el tallo) caigan sobre las macetas.

4 Saca un poco de tierra de cada maceta, entierra el tallo en el agujero (sujétalo en su sitio con un clip abierto, si es necesario) y rellena el agujero. No hace falta que el tallo quede enterrado a gran profundidad y, de hecho, la tensión del tallo limitará la profundidad a la que lo puedes enterrar. Si la planta tiene pocas hojas y, en consecuencia, pocos nodos, haz un corte poco profundo en la cara inferior del tallo con un cuchillo antes de enterrarlo, pero hazlo solo en la sección que estará en contacto con la tierra. La idea es promover la formación de un nodo radicular.

5 Riega las macetas y asegúrate de que todas drenen bien. Ahora, solo tienes que esperar.

6 Dentro de unas 6-8 semanas, deberías empezar a ver brotar una planta nueva de la parte inferior del tallo. Sabrás que el sistema radicular se ha formado cuando las hojas se empiecen a desplegar y, entonces, podrás cortar la planta nueva. Para ir sobre seguro, espera a que todas las propagaciones nuevas (las que hayan echado raíces) alcancen la fase en que las hojas se han desplegado del todo antes de cortarlas.

Cuidados

Agua	El filodendro hoja de corazón procede del Caribe, Colombia y Venezuela y, por lo tanto, está acostumbrado al calor, a la humedad y al riego intermitente. En las temperaturas más bajas que imperan en la mayoría de los hogares, tolera secarse del todo y, de hecho, no le gusta tener las raíces en agua encharcada.
Abono	Basta con que lo alimentes con fertilizante para plantas de interior cada 2 semanas en primavera y en verano.
Luz	A los filodendros les gustan los lugares luminosos, pero no a pleno sol.
Cuidados	Aunque los filodendros no florecen casi nunca como plantas de interior, si el tuyo lo hiciera corta las flores, porque absorben mucha energía de la planta y no huelen nada bien.
Nota	Los filodendros son tóxicos si se ingieren, por lo que no son plantas seguras en un hogar con niños pequeños o mascotas.

Propagación de plantas de interior

Lengua de suegra

(Dracaena trifasciata)

Esqueje de hoja entera (sin el peciolo)

Es fácil entender por qué la lengua de suegra es una de las plantas de interior más populares del mundo. Es preciosa, de líneas definidas y gráficas, y de hojas con dibujos exóticos. Precisamente, debe su no demasiado amable nombre a lo afilado de sus hojas, que remiten al manido tropo de los espinosos comentarios de ese querido miembro de todas las familias...

La clave del éxito de la lengua de suegra reside en que es muy agradecida y crece sin dificultad. Estará bien aunque te olvides de ella durante semanas. De hecho, lo mejor que puedes hacer por ella es dejar que se seque entre riego y riego. Por lo tanto, si viajas mucho o eres muy despistado, esta es la planta ideal para ti.

A continuación, te explicaremos cómo propagar la lengua de suegra en agua y en tierra. El segundo método es más lento, pero también requiere menos esfuerzo por tu parte. A nosotros nos gusta propagarla así, con las hojas enteras, porque parecen una planta normal y sana incluso mientras están echando raíces y las podemos tratar más o menos como si lo fueran. Hace que la propagación sea menos pesada y es una bonita decoración durante el proceso.

Necesitarás

— Un cuchillo afilado.
— Hormonas enraizantes en polvo.
— Tierra para macetas.
— Maceta.

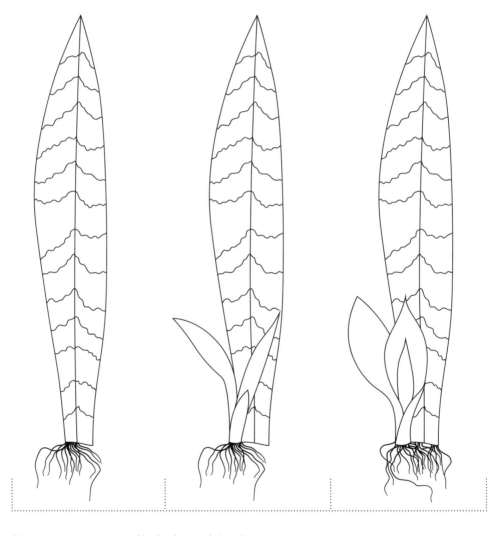

Cómo propagar

Lengua de suegra

1   Decide qué hoja vas a propagar. Los ejemplares con más probabilidades de éxito son los de aspecto sano (hoja lustrosa, hábito rígido, color intenso) y maduros, pero no demasiado viejos. Corta la hoja en la base.

2   Puedes dejar la hoja entera o, si es lo bastante grande, también la puedes cortar en trozos (que, potencialmente, te proporcionarán más plantas). Cada sección debería tener unos 8 cm (3¼ in) de longitud. (Según nuestra experiencia, los retoños de lengua de suegra crecen con más rapidez a partir de una hoja entera.) Para saber qué extremo de la hoja es el superior, puedes dibujar una flecha con rotulador permanente en cada trozo.

3   Una vez hayas cortado la hoja o las secciones, déjalas secar al aire un día o dos o hasta que se haya formado una película sobre los bordes cortados.

4   Antes de plantar los esquejes secos, sumerge el extremo inferior (la parte donde brotarán las raíces) en agua, para humedecer el borde, y luego en el hormonas enraizantes en polvo, para estimular la propagación.

5   Llena la maceta con tierra para macetas, riégala con generosidad y espera a que la maceta se drene.

6

Inserta los esquejes en la tierra hasta unos 2 cm (¾ in) de profundidad o un poco más si usas un esqueje de hoja entera.

7

Para evitar la podredumbre, espera a que la tierra de la maceta se haya secado del todo antes de volver a regarla. El proceso de enraizamiento te exigirá un esfuerzo de paciencia hercúleo, porque puede pasar hasta un año antes de que puedas replantar los retoños como plantas independientes.

Consejo

También puedes propagar las lenguas de suegra en agua: deposita los esquejes secos en vertical en una jarra o tarro con agua suficiente para cubrir el extremo cortado hasta 1-2 cm (½-¾ in). Coloca el esqueje en el mismo sentido en el que estaba en la planta madre, es decir, el extremo inferior de la hoja es el que ha de quedar sumergido en el agua.

Ahora solo tienes que esperar a que aparezcan las raíces y luego una pequeña lengua de suegra a lo largo del borde cortado de la hoja. Lo más importante durante este periodo es mantener el agua siempre limpia y fresca. Tendrás que cambiarla al menos una vez a la semana. Cuando lo hagas, saca la hoja y pálpala por debajo de la línea de agua. Si está viscosa, enjuágala bien bajo el grifo, limpia la jarra y cambia el agua. Es posible que tengas que desenganchar el limo con los dedos.

La podredumbre puede ser un problema grave con las lenguas de suegra, porque es posible que tengas que esperar 1-2 meses, si no más, a que se formen las raíces. ¡Ármate de paciencia!

Cuidados

Agua	Deja que la tierra de la maceta se seque entre riego y riego. En verano, bastará con que la riegues una vez al mes.
Abono	Es una planta de crecimiento muy lento, por lo que solo necesitará alimento una vez al principio de la primavera y, de nuevo, a principios de verano. Usa fertilizante líquido diluido al 50 % en agua.
Luz	Las lenguas de suegra toleran una amplia variedad de condiciones lumínicas.
Cuidados	Uno de los motivos por los que la lengua de suegra resulta tan resistente es que los poros de las hojas solo se abren por la noche, por lo que retienen más agua. Si las limpias con un paño limpio y húmedo, aumentarás el bienestar de la planta y la ayudarás a respirar.
Nota	Si la planta madre es variegada, las plantas hijas perderán el borde variegado. Si quieres que la generación siguiente mantenga la misma imagen, tienes que dividir la planta como harías con la aspidistra (véase p. 21).

Propagación de plantas de interior

Árbol del caucho

(Ficus elastica)

Esquejes de tallo

En la década de 1980, cuando aún éramos niños, el árbol del caucho, también conocido como gomero, era una planta polvorienta y sin apenas hojas. Era un recuerdo de una era pasada que acechaba amenazadoramente desde las esquinas de las salas de espera de los dentistas y desde los rincones de polvorientas agencias de viajes. Era como para no querer ver caucho en toda la vida.

Desde entonces, y gracias a seductoras series televisivas como *Mad Men*, el árbol del caucho ha resucitado junto a los muebles de la década de 1950 y los Dirty Martini, y es una de esas plantas capaces de transformar una estancia vacía en un espacio de diseño. Con sus hojas frondosas y redondas, ya le está haciendo una competencia muy seria al popular ficus lira.

Por suerte, propagar el árbol del caucho es muy fácil, por lo que si estás de humor para el amor libre (y para plantas gratis), este es un buen punto de partida. Los árboles del caucho de interior necesitan una sesión de poda de vez en cuando y ese será el momento perfecto para transformar los esquejes podados en plantas nuevas.

Necesitarás

— Tijeras o cuchillo de podar.
— Una maceta de 10 cm (4 in) de diámetro.
— Tierra para macetas.
— Hormonas enraizantes en polvo (opcional).
— Caja de plástico transparente con tapa.
— Taladro y broca adecuada.
— Pulverizador de agua.

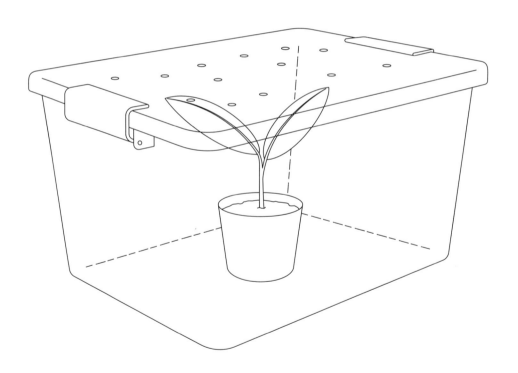

Cómo propagar

Árbol del caucho

1   Con las tijeras o el cuchillo de podar, corta una sección de una rama de la planta madre de unos 15 cm (6 in) de longitud y con dos pares de hojas.

2   Retira cuidadosamente el par inferior de hojas y deja intactas las hojas superiores.

3   Deja que el esqueje se seque, alejado de la luz solar directa, 24 horas. Este paso debería ayudar a evitar las infecciones bacterianas en el corte del esqueje.

4   Llena la maceta nueva con tierra para macetas y humedécela con agua limpia.

5   Hunde el esqueje en hormonas enraizantes en polvo, si has decidido usarlas, y dale toquecitos para que el polvo sobrante se desprenda. Ahora, con el dedo o con un lápiz, haz un agujero de unos 5 cm (2 in) de profundidad en la tierra de la maceta e inserta el esqueje.

6

Deposita la maceta dentro de una caja de plástico transparente en cuya tapa habrás taladrado varios agujeros para que la planta pueda respirar. Durante los próximos días y semanas, la caja será como un invernadero en miniatura que replicará el clima tropical.

7

Coloca la caja en un espacio templado de la casa, bajo la luz solar indirecta.

8

Las próximas 2-3 semanas, mantén la tierra para macetas ligeramente húmeda, pero bien drenada. Riégala con mucha mesura si es necesario y rocía el interior de la caja con agua limpia cada pocos días.

9

Al cabo de 3 semanas, la planta ya debería haber empezado a desarrollar su propio sistema radicular y estar preparada para emprender su viaje como planta de interior fuerte e independiente. Si, pasadas varias semanas, aún no sabes si el esqueje ha «cuajado» o no, te sugerimos que tires del tallo con suma cautela. Si notas resistencia, es señal de que las raíces crecen como deberían.

Cuidados

Agua	Aunque el árbol del caucho prefiere una tierra bien drenada, durante la temporada de crecimiento merece la pena prestar especial atención a mantenerla humedecida. Si vas a colocar la planta en un entorno particularmente seco (la calefacción y el aire acondicionado resecan el ambiente), merece la pena que rocíes el aire alrededor de la planta con agua limpia de vez en cuando, para aumentar el nivel de humedad.
Abono	Al árbol del caucho le gusta que lo alimenten con fertilizante rico en fósforo una vez al mes en primavera y en verano, que es su temporada principal de crecimiento.
Luz	Luz intensa, pero indirecta.
Temperatura	La temperatura ambiente estándar es ideal.
Cuidados	Con el tiempo, la planta se hará muy alta y perderá hojas, pero responderá bien si la podas para que mantenga la forma. Para ayudarla, puedes estimular el crecimiento de hojas nuevas si pinchas o cortas ligeramente una traza foliar (la traza foliar es una línea que marca el punto donde hubo una hoja). Cuando tengas que replantar el árbol del caucho, no caigas en la tentación de pasarlo a una maceta mucho más grande de golpe. A los árboles del caucho les gusta la tierra compacta, así que elige una maceta nueva que solo sea unos 2,5 cm (1 in) más grande que la última. Ahora, relájate y disfruta de un buen Martini.

Propagación de plantas de interior

Potus

(Epipremnum aureum)

Acodos en el suelo

El potus, también conocido en algunos lugares como vid del diablo por su capacidad para mantenerse verde en los lugares más oscuros, es una planta de interior fiable y agradecida. Sus hojas y ramas en cascada realzan estanterías y estantes y, en verano, resulta muy satisfactorio observar la velocidad a la que crecen.

Hay muchas variedades, cada una con su forma y su color. Algunas de las más conocidas son el potus reina de mármol, el potus neón o la jessenia. Si cultivas una pared viva, incluir potus de distintas variedades puede aportar el color, el movimiento y la textura que buscas. Sin embargo, las hojas serán la atracción principal, porque el potus no florece casi nunca a no ser que se le administren hormonas. Casualmente, o no, la última floración espontánea registrada fue en la década de 1960, la era del Flower Power.

El método más directo para propagar esta planta es un sencillo esqueje de tallo (como la costilla de Adán; véase p. 33), pero hemos querido enseñarte otro método que quizás prefieras probar: el acodo. Puedes usar este método con cualquier planta con tallos flexibles, porque consiste en doblar los tallos vivos y anclarlos en un medio de enraizamiento para estimular la formación raíces nuevas. El beneficio del acodo es que la planta nueva sigue recibiendo el agua y los nutrientes de la madre mientras crece.

Necesitarás

— Una maceta pequeña.
— Tierra para macetas.
— Clip de papel.
— Tijeras de jardinería o cuchillo de podar.

Cómo propagar

Potus

1 — Llena la maceta con la tierra para macetas. Será el hogar de la planta que estás a punto de propagar.

2 — Estudia la planta madre y elige una rama sana lo bastante larga para llegar a la maceta que has preparado.

3 — Sin separarlo de la planta madre, busca en el tallo que vas a acodar una sección con un nodo (un nodo es una pequeña protuberancia de color claro sobre el tallo verde de la planta). Con un clip abierto, ancla el tallo por ahí y fíjalo a la tierra de la maceta preparada.

4 — Riega la maceta nueva como regarías la de la planta madre, pero presta especial atención a que la tierra no se seque.

5 — Cuando el acodo haya funcionado, verás que empiezan a crecer hojas nuevas en la sección del tallo que has fijado al suelo. Una inspección más detallada debería revelar que también se han formado raíces nuevas en la nueva plántula. Ahora puedes separarla de la planta madre cortándola con tijeras de jardinero o con un cuchillo de podar.

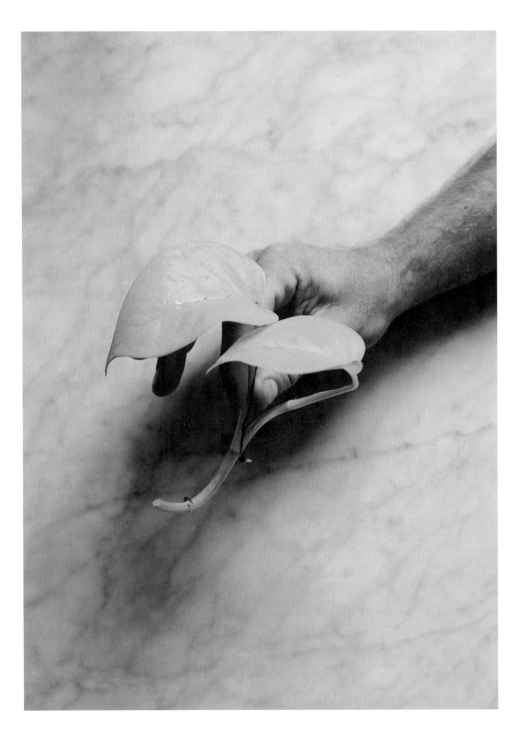

Propagación de plantas de interior

Cuidados

Agua	El potus requiere una cantidad moderada de agua, así que deja que los 5 cm (2 in) superiores de tierra se sequen entre riego y riego. Si lo riegas demasiado, aparecerán manchas marrones en las hojas.
Abono	Un fertilizante líquido cada pocos meses funciona a la perfección.
Luz	Los potus pueden tolerar condiciones con muy poca luz, aunque las variedades con hojas rayadas o variegadas necesitan una ubicación más luminosa para conservar los colores.
Temperatura	El potus procede de entornos cálidos, por lo que prefiere temperaturas de 18-30 °C (65-85 °F) y una humedad de aproximadamente el 85 %.
Cuidados	Acuérdate de podar el potus para estimular el crecimiento y darle vitalidad. No temas emplearte a fondo, les encanta el drama.
Pruébalo también con	Singonio (*Syngonium podophyllum*) y anturio.

Propagación de plantas de interior

Lavanda

(Lavandula)
Esqueje con talón

Tenemos montones de lavanda en el huerto. Y, aunque nos encanta el color y el aroma con que nos deleitan en verano, las que se vuelven locas de verdad con las flores lilas y moradas son las abejas. Y las abejas son las mejores amigas de cualquier jardinero. Nos gusta sentarnos con una copa bien fría de uno de nuestros vinos de frutas mientras observamos cómo las abejas cosechan, día tras día, el polen de las flores. No hay nada más estival.

A principios de verano de 2021, nos mudamos a un huerto nuevo que daba al río pero que estaba en un estado lamentable. A Paul se le ocurrió plantar una hilera de lavanda a todo lo largo del centro del huerto junto a un camino de ladrillo ya existente. Para sorprenderlo, Robin compró unas cuantas plantas de lavanda para cortarlas en esquejes con los que hacer realidad su espectacular idea y, de paso, ahorrarnos una fortuna. Esta es una buena manera de conseguir muchos esquejes, pero también puedes usar una planta ya existente si solo necesitas unos cuantos. Si optas por este último método, el momento ideal es a finales de verano, para que los esquejes sean lo suficientemente maduros.

Cuando las plantas propagadas se hayan consolidado, ¿por qué no las entras en casa durante el verano? Les encantará que las pongas sobre un alféizar luminoso, bajo la luz directa.

Necesitarás

— Macetas pequeñas (nosotros usamos macetas de 10 cm/4 in de diámetro).
— Tierra para macetas.
— Un cuchillo afilado.
— Hormonas enraizantes en polvo.
— Bolsas de plástico transparentes.
— Gomas elásticas o cordel.

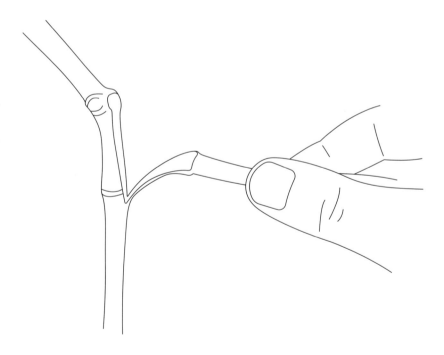

Cómo propagar

Lavanda

1	Para empezar, prepara las macetas llenándolas de tierra para macetas.
2	Tendrás que cortar los esquejes de los tallos correspondientes al crecimiento de este año, que reconocerás porque aún serán verdes, no leñosos (los jardineros los llaman «esquejes semimaduros»). Idealmente, escoge tallos de al menos un mes de edad y que no hayan florecido aún. Si han florecido, corta las flores con un corte limpio en la base del pedúnculo.
3	Se llama esqueje con talón, porque debería conservar un «talón» en el extremo inferior. Se parece al talón del pie y se hace tirando del esqueje para separarlo del tallo principal, en lugar de cortarlo. Estira con cuidado en sentido descendente, hacia el suelo y en dirección opuesta al tallo principal. Una vez hayas separado el esqueje, verás un filamento que se separa de la piel del tallo donante. Ese es el talón. Si alguno de los esquejes no tiene talón, no te preocupes y úsalo igualmente, porque aún puede echar raíces.
4	Retira las hojas inferiores tirando de ellas hacia afuera y en sentido descendente, hacia el extremo cortado del esqueje, o cortándolas con un cuchillo afilado. Corta las hojas suficientes para que, cuando llegue el momento, puedas introducir el esqueje en la tierra a la profundidad necesaria para que se mantenga erguido y sin que ninguna de las hojas que has conservado toque el suelo.

5

Sumerge el talón en agua y luego en hormonas enraizantes en polvo. Dale toquecitos para desprender el exceso de polvo.

6

Inserta los esquejes en la tierra para macetas (dos o tres esquejes en cada maceta). Aprieta la tierra, riega con generosidad y deja que el agua se drene.

7

Una vez eliminado el exceso de agua, cubre la parte superior de la maceta con una bolsa de plástico y fíjala con una goma elástica o con cordel. La bolsa ha de ser lo bastante grande como para que la lavanda pueda permanecer erguida en su interior y sin tocar el plástico.

8

Deja el «minipropagador» en un lugar cálido y parcialmente a la sombra para que obre su magia. Comprueba con regularidad el estado de los esquejes para que no se sequen ni se sobrecalienten y para eliminar los posibles bichos. Deberían empezar a echar raíces a las 4-6 semanas y, entonces, ya puedes retirar la bolsa para que las plantas se aclimaten y se vuelvan más resistentes.

9

Cuando las plantas nuevas tengan raíces consolidadas, replántalas por separado y déjalas dentro de casa durante todo el inverno. Llegada la primavera, volverán a la vida y estarán listas para que las plantes fuera.

Cuidados

Agua	La lavanda es una planta mediterránea, por lo que se adapta bien a los interiores siempre que se den ciertas condiciones. El agua es una de las cosas con las que hay que tener más cuidado: la maceta ha de tener guijarros o trozos de cerámica rota en el fondo, para facilitar el drenaje. Deja secar la tierra entre riego y riego hasta que los 2 cm (¾ in) superiores estén secos del todo. La lavanda solo necesitará agua muy de vez en cuando en invierno y, quizás, hasta una vez a la semana en pleno verano.
Abono	Solo necesitará fertilizante líquido para plantas de interior dos veces al año (una a principios de la temporada de crecimiento y otra a mediados de verano).
Luz	Es de una importancia crucial. La lavanda ha de estar bajo la luz directa varias horas al día y nunca menos de 3-4 horas.
Cuidados	A la lavanda le gusta el calor, pero ten cuidado y no dejes que se queme en un alféizar al sol. Las macetas vidriadas y de cerámica pueden acumular mucho calor, así que se consciente de los extremos a los que puedes estar sometiendo a la planta mientras estás en el trabajo.
Pruébalo también con	Romero.

Propagación de plantas de interior

Espatifilo

(Spathiphyllum wallisii)

Semillas

En la década de 1980, la NASA llevó a cabo un estudio para identificar las plantas de interior más eficientes como purificadoras del aire, con el objetivo de hallar la manera más efectiva de limpiar el aire en las estaciones espaciales. El espatifilo, o lirio de la paz, superó con diferencia a casi todos sus rivales y eliminó del aire incluso sustancias químicas como el benceno y el tricloroetileno. Otro de los motivos por los que a la NASA le hicieron los ojos chiribitas es que esta planta de interior tolera una iluminación muy baja. Es perfecta si uno vive en una cápsula espacial en órbita... o en el sótano de un bloque de pisos en la ciudad.

El espatifilo nos ofrece la oportunidad de probar la propagación sexual clásica, tal y como sucede en la naturaleza. Aunque lo cierto es que la manera más fácil de propagar esta planta es dividir el cepellón (lo que se conoce como propagación asexual o vegetativa), polinizar manualmente un espatifilo para recoger sus semillas es un reto mucho más emocionante.

Cultivar un espatifilo a partir de una semilla es muy gratificante, pero, a diferencia de lo que sucede con la propagación asexual, que produce clones, la propagación sexual significa que la planta nueva puede ser distinta a la planta madre. Sin embargo, no dejes que esto te desanime; al contrario, forma parte de la diversión. Por supuesto, tendrás que esperar a que la planta florezca antes de poder comenzar con el proceso. Pasa a la acción en cuanto veas la flor.

Ten en cuenta que, si tu planta solo produce una flor, tendrás que tomar medidas para recoger polen de esta y fertilizar las partes femeninas de la siguiente que emerja. Las partes femeninas de la flor solo son receptivas al polen antes de que la propia flor lo produzca, por lo que tendrás que hacer un poco de trampa para que la propagación salga adelante.

Necesitarás

— Sobres de papel.
— Un pincel suave pequeño.
— Tijeras de jardinería.
— Pinzas.
— Semillero.
— Vermiculita.
— Regadera.
— Papel film.
— Macetas y tierra para macetas, para plantar.

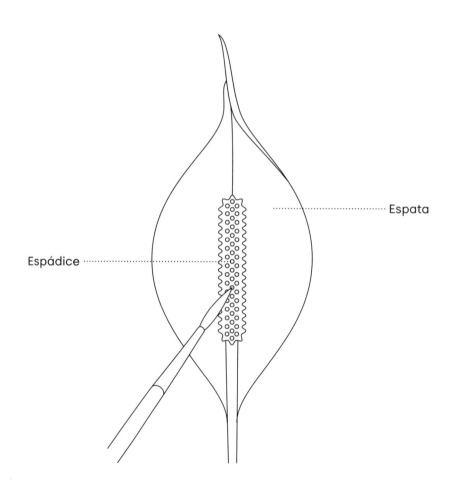

Espata

Espádice

Cómo propagar

Espatifilo

Obtención de las semillas

1 ──────────

Lo primero es recolectar el polen de la planta. Técnicamente, la «flor» del espatifilo es una inflorescencia compuesta por un espádice (el afilado cono central) y una espata (la cubierta exterior, semejante a un pétalo). Controla el espádice, porque, unas 24 horas después de que la espata se haya desplegado, adquirirá un tono marrón y empezará a producir polen.

2 ──────────

Las verdaderas flores del espatifilo son diminutas y recorren el espádice en toda su longitud. Son ellas las que producen el polen. Cuando estés seguro de que la planta ya produce polen, acerca un sobre limpio al espádice , sacude con suavidad el tallo de la flor y recoge el polvillo amarillo que caerá.

3 ──────────

Cierra el sobre y guárdalo en un lugar fresco y seco. Se debería conservar al menos unas semanas, hasta que puedas dar el siguiente paso.

4 ──────────

Si en tu planta se abren varias «flores» a la vez, avanza inmediatamente al paso siguiente. Si no, espera a que se abra una segunda «flor». Cuando la espata se despliegue de ese modo tan seductor, las partes femeninas ya estarán preparadas para la polinización (y solo dispones de una ventana de 24 horas). Si las diminutas flores del espádice están cubiertas de un vello finísimo y aún no se han puesto marrones, es el momento indicado.

5 ──────────

El amor se siente en el aire. Con el pincel y con cuidado, aplica el polen del sobre por todo el espádice.

6 Es posible que pasen días o incluso semanas, pero deberías ver que las flores del espádice se empiezan a hinchar a medida que el espatifilo empieza a producir frutos. Un espádice con fruto se volverá marrón y se seguirá secando hasta convertirse en una cápsula de semillas negruzca. Separa la cápsula de la planta cortándola por la base con tijeras de jardinería.

7 Con unas pinzas limpias, retira con cuidado las semillas redondas de la cápsula y deposítalas en un sobre. Guárdalo en un lugar seco, oscuro y fresco hasta que vayas a plantar las semillas.

Cultivar un espatifilo a partir de semillas

1 Llena un semillero de vermiculita y riégalo con cuidado con una regadera hasta humedecerlo del todo. Ahora, distribuye uniformemente las semillas por encima.

2 Esparce otra capa fina de vermiculita sobre las semillas y vuelve a regar con sumo cuidado, para no desplazar las semillas.

3 Tapa el semillero con papel film para generar un efecto invernadero alrededor de las semillas y deposítalo en un lugar luminoso, pero sin luz directa.

4 Conviene que, los próximos días, mantengas las semillas húmedas regando el semillero desde abajo: ponlo 30 minutos en una bandeja con agua cuando te dé la impresión de que se empieza a secar. Si tienes suerte, las semillas comenzarán a germinar al cabo de unas 2 semanas, pero es posible que tarden mucho más, así que no te impacientes ni te apresures a certificar el fracaso del experimento.

5 Cuando los plantines alcancen un tamaño que permita su manipulación, replántalos en macetas individuales. A partir de ahora, el cultivo será relativamente sencillo siempre que te asegures de que estas plantas tropicales no se sequen durante su infancia.

Cuidados

Agua	Si las hojas apuntan al suelo, es más que probable que no estés regando lo suficiente a tu espatifilo. Puedes usar este indicador como una guía inicial para averiguar con cuánta frecuencia lo has de regar. Asegúrate de que la maceta nunca quede encharcada.
Abono	Estas plantas solo necesitan una dosis ocasional de fertilizante para plantas de interior.
Luz	El espatifilo es feliz tanto en entornos con poca luz como en lugares muy luminosos, pero no lo dejes a pleno sol o las hojas se quemarán.
Temperatura	El espatifilo es una planta tropical, así que no dejes que se enfríe demasiado. También le encanta la humedad, así que, si buscas una planta para el cuarto de baño, esta es una muy buena opción.

Propagación de plantas de interior

Zamioculca

(Zamioculcas zamiifolia)

Esqueje de hoja

La zamioculca procede del este de África y fue descrita por primera vez en Occidente por el legendario horticultor local Conrad Liddiges (véase p. 150) que, en 1828, afirmó: «[La *Zamioculcas zamiifolia*] es una planta muy singular y curiosa que creemos oriunda de Brasil». (Bueno, nadie lo sabe todo.) A continuación, describió la extraña flor baja y el hecho de que había florecido en agosto, después de haber «metido la planta en el horno», que presumiblemente era como llamaba a la zona más cálida de su complejo de invernaderos, no un horno de cocina.

Aunque la hemos clasificado en la propagación de dificultad intermedia, lo cierto es que propagar la zamioculca es relativamente sencillo, porque anhela ser propagada. Lo único que hay que tener en cuenta es que los esquejes necesitarán mucho tiempo para desarrollar brotes y consolidarse. Si sigues nuestro método, no tendrás que hacer mucho, pero sí que tendrás que esperar hasta un año antes de poder replantar las zamioculcas individualmente. Y, además, deberás prestar atención al propagador durante todo ese periodo. No es tan sencillo como pueda parecer.

En otro error más de etiquetado, lo hemos clasificado como un esqueje de hoja, pero en realidad es un esqueje de hoja «parcial», porque cada una de las frondas que ves sobre el suelo es una hoja con un peciolo (tallo) central. Lo que quizás creías hojas son, en realidad, foliolos. Y eso es lo que propagarás.

Necesitarás

— Un cuchillo afilado.
— Una maceta o una bandeja (casi todos los foliolos se pueden propagar, por lo que elige un recipiente lo bastante grande para que quepan todos).
— Tierra para macetas.
— Una bolsa de cierre hermético.
— Pulverizador de agua.

Cómo propagar

Zamioculca

1 Corta una fronda de la planta madre por la base.

2 Selecciona los foliolos y descarta los que estén dañados o enfermos, tengan plagas o parezcan menos sanos que los demás por cualquier motivo. Deberías tener muchos entre los que elegir, así que elige. Estira hacia arriba y hacia abajo del foliolo que hayas elegido. Tras un poco de tensión en ambas direcciones, se soltará y lo tendrás entre los dedos.

3 Avanza por todo el tallo y retira tantos foliolos como quieras propagar. Cuando hayas terminado, desecha los que queden.

4 Llena la maceta o la bandeja con tierra para macetas hasta una altura de al menos 5 cm (2 in). Riégala abundantemente y espera a que se drene.

5 Inserta cada uno de los foliolos verticalmente en la tierra para macetas hasta una profundidad de 1-2 cm (½-¾ in), con el tallo abajo, y reafirma la tierra a su alrededor. Deberías haberlo insertado con la profundidad suficiente para que se mantenga erguido.

6 Riega los foliolos de nuevo y deja que el agua se drene.

7 Mete la maceta o la bandeja en la bolsa de cierre hermético y ciérrala. Dispón la bolsa en un lugar cálido y luminoso, pero sin luz solar directa, y comprueba que la tierra sigue húmeda un mínimo de dos veces a la semana. Si ves que se empieza a secar, rocía la superficie con agua.

8

Todos los foliolos deberían seguir verdes, por lo que, cuando compruebes los avances, retira los que se vuelvan amarillos o pardos. Por lo demás, solo queda esperar.

9

La planta formará una raíz sólida bajo la superficie antes de desarrollar la primera hoja, así que, cuando hayan pasado unos meses, puedes tirar un poco de ella para ver si ha echado raíces. Si notas cierta resistencia, es que sí, las ha echado. Ahora solo necesitas paciencia.

10

Los primeros foliolos nuevos deberían empezar a aparecer aproximadamente un año después de que hayas iniciado la propagación. La primera hoja solo tendrá un par de foliolos. Cuando las plantas alcancen un tamaño que permita su manipulación, replántalas en macetas individuales.

11

Al cabo de 18 meses, todas las plantas propagadas deberían estar fuertes y sanas y contar con hasta 10 foliolos.

Cuidados

Agua	En estado silvestre, la zamioculca recibe lluvias fuertes y esporádicas, por lo que, idealmente, deja que la tierra de la maceta se seque del todo entre riego y riego. En verano, es posible que eso equivalga a regarla cada 2 meses.
Abono	Esta planta solo necesita fertilizante de vez en cuando, quizás cada 4-6 semanas y solo en primavera y verano.
Luz	Aunque la zamioculca procede de África, soporta niveles de iluminación muy bajos, por lo que es ideal para una esquina a la sombra y alejada de las ventanas.
Nota	Si la zamioculca está sana y contenta, puede crecer hasta un tamaño considerable. Los ejemplares maduros pueden alcanzar casi 1 m (3 ft) de altura.

El propagador perpetuo

Nos reunimos con Fraser Cook, un horticultor y alumno de la Royal Horticultural Society, un día de julio para conocer sus opiniones acerca de la propagación y del cultivo de plantas.

Tu cuenta de Instagram, @botanicalotter, está repleta de plantas. ¿Cuándo te enamoraste de ellas?
Aunque estuve completamente centrado en mi carrera profesional durante la veintena y la treintena, el amor por las plantas fue creciendo insidiosamente. Y, como les sucedió a tantos otros, el tiempo que pasé en casa durante la pandemia de COVID-19 impulsó mis aspiraciones como jardinero. La enorme cantidad de plantas que tengo ahora me estresa bastante. Son maravillosas, pero tener más plantas equivale a tener más responsabilidad. Es un proceso lleno de alegría, pero no está exento de presión.

Entonces, ¿dónde está el atractivo?
Me aportan un sentido de comunidad que es muy importante para mí y también me encanta el aspecto intergeneracional. Los entusiastas de la jardinería y los amantes de las plantas siempre hablamos, compartimos ideas y consejos en línea. No hay una sola respuesta correcta a ninguna pregunta, por lo que siempre hay algo de que hablar. Sin embargo, no se puede discutir con la botánica y aprendo mucho de botánicos de verdad, de científicos de la tierra y de horticultores de todo el mundo.

¿Qué te parece la «revolución de las plantas» de los últimos años?
Si te refieres al aumento súbito del interés por las plantas, me parece genial que cada vez más personas, y sobre todo personas jóvenes, se hayan implicado. Las plantas inundan las redes sociales y la gente desarrolla su propia sensación de celebridad a partir de sus colecciones de plantas y del contenido que crean alrededor de las mismas. Aunque esta obsesión por las plantas me parece fantástica, pienso que merece la pena invertir parte de esa energía en aprender más acerca de dónde vienen las plantas que tenemos, en hacer cursos de jardinería y en tener en cuenta cuestiones de sostenibilidad. Creo que deberíamos usar las redes sociales para educar acerca de la horticultura y para generar conciencia acerca de la conservación conectando a la comunidad que cultiva plantas de interior con el mundo de la jardinería.

Háblanos de tus semillas explosivas
Vi que las cápsulas de semillas de mis flores del viento (*Pulsatilla vernalis*) estaban a punto de abrirse, así que recogí las que pude, pero, en lugar de guardarlas en un recipiente hermético, las metí en un sobre de papel y explotaron dentro. Cada planta tiene su propio método de dispersión, desde la propulsión a la explosión. Por ejemplo, he tenido que poner semillas en remojo en zumos para imitar el ácido gástrico de los animales, o en agua templada 24 horas. La propagación por semillas exige mucho esfuerzo y germinar algunas de las flores más habituales en los jardines es sorprendentemente difícil. Pero merece la pena.

Difícil

Propagación de plantas de interior

Begonia de flor

(Begonia x semperflorens-cultorum)

Esqueje de hoja entera con la nervadura partida

Un cultivar de begonia llamado «Kimjongilia» es, desde 1988, el emblema floral oficioso de Corea del Norte. Su nombre significa «la flor de Kim Jong-li», por el entonces «Líder Supremo» del país y padre del déspota actual. La flor se eligió como símbolo de la sabiduría, del amor, de la justicia y de la paz...

Las begonias son una numerosísima familia de plantas diversas que proceden de muchas regiones tropicales del mundo, por lo que, si la «Kimjongilia» no te apasiona, puedes estar seguro de que encontrarás otra que sí. Nos encantan como camas de cultivo y como plantas de interior y, en condiciones ideales y con los cuidados necesarios, pueden vivir años.

Las begonias tienen unas de las semillas más pequeñas del reino vegetal y 30 g (1 oz) de semillas bastan para producir hasta tres millones de plantas. Sin embargo, propagar con las semillas no es ni por asomo tan divertido como cultivar plantas nuevas usando la técnica de propagación de esqueje de hoja entera con la nervadura partida, y la begonia de flor es especialmente adecuada para este tipo de propagación. Las nervaduras grandes y el brillo ceroso facilitan los cortes y protegen a la hoja de la podredumbre (a la que algunas variedades de begonia son susceptibles).

Necesitarás

— Vermiculita.
— Suficientes macetas del tamaño adecuado para los esquejes de hoja.
— Un cuchillo afilado.
— Hormonas enraizantes en polvo y papel de cocina (opcional, pero recomendable).
— Grava fina, arena, clips (opcionales) o palillos de aperitivo (mondadientes) esterilizados en agua hirviendo.
— Una bolsa de plástico transparente para cada maceta.
— Gomas elásticas o cordel.

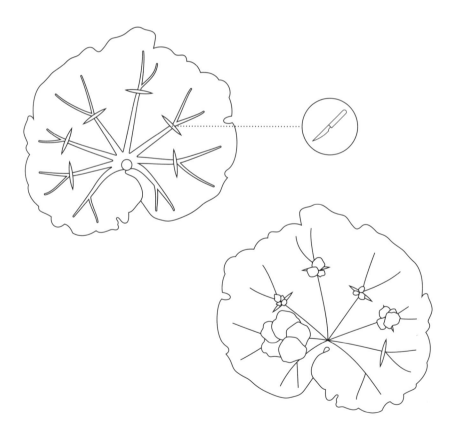

Cómo propagar

Begonia de flor

1	Primero, limpia todos los utensilios de plástico que vayas a usar con agua templada y jabón o, si resisten el calor, viérteles agua hirviendo por encima y deja que se enfríen.
2	Llena las macetas de vermiculita hasta la mitad y asegúrate de que la superficie sea lo bastante grande para disponer la hoja, u hojas, planas. Has de dejar altura suficiente para que las plántulas crezcan, pero bastará con una profundidad de 5 cm (2 in). Riega con abundante agua y espera a que las macetas se drenen. Recomendamos que uses una maceta para cada esqueje. Así reducirás las probabilidades de que la podredumbre acabe con todo un grupo.
3	Elige una hoja madura y sana que se haya formado del todo pero que no sea demasiado vieja. Al igual que nos sucede a las personas, las plantas pierden algo de vitalidad y brillo a medida que envejecen (quizás sea precisamente ese el motivo que te ha llevado a propagar la begonia) y, cuanto más viejas sean las hojas, más difícil será propagarlas. Básicamente, ya no tienen ganas de reproducirse.
4	Corta con el cuchillo una hoja de la planta principal. Haz el corte en el punto donde la hoja se une al tallo, para que puedas disponer la hoja horizontalmente, con el envés hacia arriba. Verás que las nervaduras recorren el envés de la hoja, desde la nervadura central y dividiéndose repetidamente a lo ancho de la hoja, cada vez más pequeñas y hasta hacerse tan finas que no se ven.

5 Verás que cada nervadura secundaria se abre en dos donde se separa de la nervadura principal antes de seguir avanzando por la hoja y abrirse en dos otra vez. Es ahí donde has de hacer los cortes, justo antes (hacia la vena principal y el centro de la hoja) del punto en el que cada vena se divide en dos por primera vez. Haz una incisión con el cuchillo y corta las nervaduras donde se dividen por primera vez.

6 Si usas hormonas enraizantes, esparce un poco sobre un papel de cocina y presiona la hoja por encima de modo que el polvo se pegue a los bordes cortados. Dale toquecitos para que el exceso se desprenda.

7 Pon la hoja del derecho y colócala sobre la vermiculita. Si se riza y se aleja de la superficie, usa vermiculita u otra arena fina para lastrarla y mantenerla en su sitio. Esto es esencial, porque las nervaduras cortadas han de estar en contacto con la vermiculita. También la puedes sujetar con un clip abierto o con palillos. Intenta no dañar demasiado la hoja.

8 También puedes cortar la hoja en trozos del tamaño de un sello postal asegurándote de que todos contengan una sección de la nervadura principal. Espolvorea los bordes con hormonas enraizantes en polvo y plántalos como en el paso 7.

9 Tapa la maceta con una bolsa de plástico esterilizada sujeta con una goma elástica o con cordel.

10 Ahora tienes que mantener la vermiculita húmeda y esperar. Aunque pueden pasar hasta 3 meses antes de que comiencen a crecer plantas nuevas de las nervaduras, al cabo de unas semanas ya deberías ver que se empiezan a formar raíces. Cuando las plántulas alcancen 1 cm (½ in), retira las bolsas de plástico para que se aclimaten antes de replantarlas.

11 Cuando las plántulas alcancen un tamaño que permita su manipulación, replántalas en macetas individuales. Ya están preparadas para la vida fuera del propagador.

Cuidados

Agua	Las begonias de flor siempre han de estar en tierra húmeda. A poder ser, riégalas casi siempre llenando de agua la bandeja debajo de la maceta y solo en contadas ocasiones desde arriba, para reducir las probabilidades de una enfermedad fúngica. En invierno, podrás reducir drásticamente la cantidad de agua.
Abono	Aproximadamente cada 2 semanas en primavera y en verano.
Luz	La luz solar intensa pero indirecta es ideal para las begonias.
Cuidados	Cuidar de las begonias es muy sencillo. Retira las flores marchitas para que la planta siga produciendo flores nuevas y recorta las puntas para que conserve una forma bonita y compacta... si es eso lo que quieres.
Pruébalo también con	Gloxinia (*Sinningia*) y *Smithiantha*.

Propagación de plantas de interior

Ficus lira

(Ficus lyrata)

Acodo aéreo

¿No crees que el ficus lira es demasiado bonito para ser verdad? Casi parece uno de esos árboles de plástico de los centros comerciales. Las hojas grandes y brillantes le otorgan una majestuosidad que muy pocas plantas de interior pueden conseguir. Por eso nos gusta tanto.

Comprar un ficus lira nuevo de gran tamaño puede salir muy caro, por lo que esta planta es un regalo magnífico. Aunque al principio crece muy poco a poco cuando se propaga, al cabo de unos años te habrás ahorrado (o le habrás ahorrado al receptor de la planta propagada) una pequeña fortuna. Robin recibió el suyo en forma de esqueje de manos de sus amigos James y Olly, cuyo maravilloso ejemplar madre prospera en su piso. La forma arquitectónica de la planta es el contrapunto perfecto para la decoración industrial con que han vestido el espacio.

El acodo aéreo es la técnica de propagación ideal para el ficus lira, que tiene tallos leñosos largos y gruesos. Aunque también se puede propagar con un sencillo esqueje de tallo o de hoja en un jarro de agua, conseguirás una planta de tamaño mediano más rápidamente con un acodo aéreo... si te parece que un año se puede calificar de rápido, claro está.

Necesitarás

— Un cuchillo afilado.
— Guantes de jardinería (opcional).
— Palillo de aperitivo (mondadientes).
— Hormonas enraizantes en polvo (opcional).
— Fibra de coco empapada en agua 1 hora y estrujada con las manos limpias para escurrirla.
— Un par de manos auxiliares.
— Una lámina cuadrada de polietileno flexible transparente de 30 cm (12 in) de lado.
— Cordel.
— Tijeras de podar.
— Maceta (de al menos 20 cm/8 in de diámetro).
— Tierra para macetas.

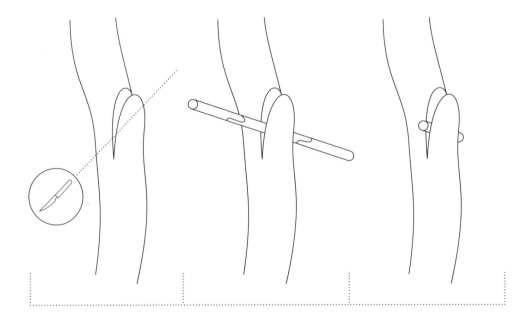

Cómo propagar

Ficus lira

1 — Elige una sección de tallo larga en la que ubicar el acodo. Primero, marca la corteza cortando la rama con el cuchillo. La profundidad del corte no ha de superar un tercio o la mitad del grosor del tallo. Ten cuidado, porque el tallo será leñoso y duro y es fácil que el cuchillo resbale y te corte. Mueve siempre el cuchillo en dirección contraria a ti y, sobre todo, contraria a los dedos.

2 — Inserta longitudinalmente un palillo (impregnado en hormonas enraizantes en polvo) en el corte, para facilitar que la herida se mantenga abierta. Así, el corte se mantendrá abierto y el polvo llegará a donde debe.

3 — Corta las puntas del palillo para que no sobresalga del tallo, porque podría rasgar el polietileno y convertirse en una fuente de infección secundaria.

4 — Presiona un puñado de fibra de coco más pequeño que una pelota de tenis sobre el tallo cortado.

5 — Sujeta la fibra de coco mientras tu ayudante la envuelve con el polietileno de manera que el plástico y la fibra rodeen el tallo cortado. ¿Ves como necesitabas otro par de manos?

6 — Mientras sujetas el plástico, comprueba que el corte sigue estando en el centro de la fibra y ata con un cordel muy prieto el extremo inferior de la bola, que ahora está parcialmente envuelta en plástico.

7
Antes de atar de la misma manera la parte superior de la bola de fibra, asegúrate de que la fibra sigue bien prieta, de que el plástico la envuelve con fuerza y de que el cordel lo sujeta todo en su sitio por debajo. El cordel ha de quedar lo bastante prieto para mantener la humedad y evitar que la fibra de coco se seque demasiado pronto. (Si sucediera, que sucederá antes o después, vierte un poco de agua en la fibra por la parte superior del plástico, para humedecerla de nuevo.)

8
Y eso es todo. Ahora solo tienes que esperar. Verás que el agua se condensará en el interior del plástico, pero es normal. Comprueba el acodo aéreo con regularidad y llegará un momento en el que podrás ver raíces que crecen entre la fibra. Pueden pasar meses antes de que suceda, así que ten paciencia.

9
Una vez veas las raíces, desata los cordeles y retira el polietileno. Deberías ver una red radicular sana. Con las tijeras de podar, corta la plántula por debajo de donde se hayan formado las raíces para separarla de la planta madre.

10
Plántala inmediatamente en una maceta con tierra para macetas y riégala con generosidad. Asegúrate de que la maceta sea lo bastante grande e inserta la plántula a la profundidad necesaria para que pueda permanecer erguida.

Consejo

Cuando cortes el ficus lira, verás que de la herida sale un pegajoso líquido de color crema. Es un tipo de caucho natural (el ficus lira pertenece a la familia de los árboles del caucho) que puede ser irritante, así que, si tienes la piel sensible, ponte guantes. Evita que se esparza, porque es muy difícil de quitar.

Cuidados

Agua	Este ficus adora la humedad, así que mantenlo alejado de los radiadores y rocíalo con agua con frecuencia (es la oportunidad perfecta para quitar el polvo a esas maravillosas hojas cerosas). Sin embargo, también le gusta el terreno algo seco entre riego y riego, así que comprueba que los 5 cm (2 in) superiores de tierra están secos al tacto antes de volver a regarlo con generosidad. En verano, debería ser una vez a la semana. En invierno, necesitará mucha menos agua.
Abono	Alimenta a tu ficus lira una vez cada 2 semanas en primavera y en verano.
Luz	La luz intensa pero indirecta es su preferida.
Nota	Hay quien recomienda sacudir lateralmente el ficus lira 1 minuto cada día. (No con demasiada fuerza, se trata de emular una brisa suave.) Esto lo ayuda a desarrollar una raíz fuerte y un tallo más grueso que, de otro modo, se podría quedar bastante delgado y sin hojas. Si una vez al día es demasiado para ti, hazlo cuando te acuerdes o cuando te apetezca.

Propagación de plantas de interior

Lengua cervina

(*Asplenium scolopendrium*)
Propagación por esporas

Los helechos son mucho más interesantes de lo que pueda parecer a primera vista. Son plantas antiquísimas que se remontan a cientos de millones de años, lo que significa saben qué se siente al ser aplastado o mordisqueado por un dinosaurio. De hecho, son tan antiguas que no se reproducen de la misma manera que las plantas con flor más avanzadas (y modernas) evolutivamente hablando.

Los helechos existen como dos generaciones que se forman por separado y que tienen un aspecto completamente distinto, lo que hace que propagarlos sea todo un reto. Esta «alternancia generacional» entre un tipo de planta y otra es como si un ser humano diera a luz a una ardilla que, al crecer, diera a luz a bebés humanos que, a su vez... ¿No te parece una locura? Con los helechos, solo vemos la generación esporófita, o el «helecho verdadero»... a no ser que los propaguemos. Entonces sí, disfrutaremos de un asiento de primera fila en uno de los espectáculos de la naturaleza.

Robin decidió propagar la lengua cervina porque este helecho le recuerda a su Devon natal.

El término «esporófito» significa «con esporas» y, en pleno verano, verás pequeñas estructuras crestadas en el envés de las hojas (las hojas de los helechos se llaman frondas, en realidad). Las crestas son las esporas en proceso de maduración y recogerlas es el primer paso de esta técnica de propagación

Las esporas verdes son inmaduras y necesitan tiempo para desarrollarse, pero una vez se hayan vuelto marrones (o negras en algunas especies de helecho), ya las puedes cosechar. Se concentran sobre todo en la base de las frondas y son más escasas en las puntas. Hay un truco para saber si las esporas están en el punto justo de maduración. Una vez han cambiado de color, los «saquitos» de esporas deben tener un aspecto fresco y bordes definidos y no parecer viejos ni presentar motas o arrugas.

Necesitarás

— Un cuchillo afilado.
— Un sobre blanco.
— Tarros de mermelada con sus tapas o tarros con tapas de clip.
— Tierra para macetas (sin fibra de coco, porque no es del agrado de los helechos).
— Vermiculita.
— Pulverizador de agua.
— Agua hervida y enfriada.
— Cucharilla de café o pinzas grandes.
— Semilleros o tiestos.
— Bolsas de cierre hermético (lo bastante grandes para que quepa el tarro con mucha holgura).

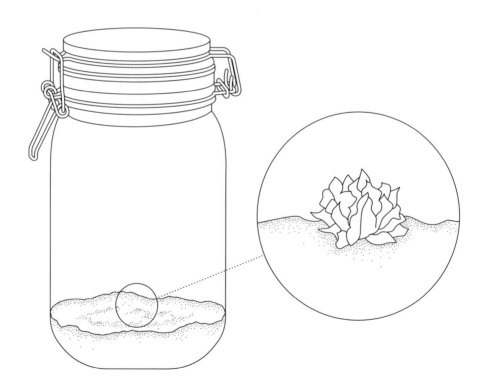

Cómo propagar

Lengua cervina

1 Corta la fronda de helecho que hayas elegido, métela en un sobre blanco y guárdala en un lugar seco y cálido unos días (nosotros usamos los cajones de la cocina). Cuando estés preparado, sacude o agita el sobre para que las esporas se desprendan de la fronda. Si vas a propagar helechos de varias especies, usa un sobre distinto para cada una, para evitar que las esporas se mezclen.

2 Abre el sobre y verás que las esporas son un polvillo fino pegado al papel (por eso recomendamos que el sobre sea blanco). Saca la fronda y sacude el sobre para separar los esporangios (más grandes) y las esporas (más pequeñas). Con un poco de práctica, deberías ver cómo los esporangios caen del sobre mientras que las esporas, diminutas como un polvillo, se mantienen en la superficie del papel.

3 Llena los tarros con 3-5 cm (1-2 in) de tierra para macetas y esparce vermiculita por encima hasta que hayas cubierto la mitad del área de la tierra con una capa fina de 0,5 cm (¼ in) de grosor.

4 Rocía la superficie de vermiculita con agua hervida y enfriada hasta que esté húmeda, pero no mojada.

5 Abre el sobre y despliégalo. Dale golpecitos para que las esporas secas caigan en los tarros. Debería haber miles, así que intenta distribuirlas a ojo tan equilibradamente como puedas. (Por eso evolucionaron las plantas con flores. La reproducción por esporas es un derroche, porque hacen falta millones de esporas para producir una cantidad limitada de plantas nuevas.)

6 Cierra bien los tarros y ponlos sobre un alféizar o en otro lugar cálido y luminoso, pero sin luz solar directa. Al cabo de un rato, verás que la humedad se condensa en el interior de los tarros. Es un paso fundamental.

7 Te aconsejamos que controles los tarros con frecuencia al principio, para asegurarte de que la tierra no se seca. Si lo hace, vuelve a rociarla bien con agua hervida y enfriada. Aparte de eso, deja que la naturaleza siga su curso y no interfieras con ella.

8 Lo primero que sucederá es que, al cabo de unas 4-6 semanas aparecerán unos puntos verdes diminutos. Los puntitos se multiplicarán y formarán un vello verde con aspecto de musgo que cubrirá la superficie. Es buena señal. (¡Es la generación «ardilla»!) Esta fase tardará un mes o más en terminar.

9 Ahora, estas plantas minúsculas han de reproducirse consigo mismas para dar lugar a la siguiente generación de helechos reconocibles, si bien pequeñísimos aún. Esta fase puede tardar entre 2-6 meses, pero, si todo va bien, no tendrás que hacer mucho: limítate a asegurarte de que las «ardillas», primero, y sus bebés «humanos», luego, no se sequen.

10 Cuando las «hojas» musgosas alcancen aproximadamente 0,5 cm (¼ in) de ancho, habrá llegado el momento de transferir trozos de la alfombra musgosa o bien a macetas más grandes o bien a una bandeja para que sigan creciendo. Con una cucharilla o con unas pinzas grandes, parte la alfombra en trozos en los que puedas ver plantas más grandes y distribúyelos sobre arena para macetas a intervalos regulares con una separación de 3-4 cm (1¼ -1½ in) entre ellos.

11 Rocía generosamente con agua hervida y enfriada los trozos trasplantados y mételos en bolsas de plástico transparentes con cierre hermético. (Te puedes saltar este paso y dejar que el proceso siga en los tarros, aunque es posible que entonces maduren menos helechos.)

12 Vuelve a poner los tarros o la bandeja en el lugar luminoso donde estaban 1-4 meses más. La duración de esta fase dependerá de la especie de helecho.

13 Al cabo de un tiempo, verás que de la generación «ardilla» emerge otra estructura vegetal. Es la generación esporófita (como la planta original), el helecho verdadero. ¡Lo has conseguido! Estas hojas nuevas deberían ser idénticas a las del helecho que hayas decidido propagar.

14 La transición de las plántulas a un entorno más seco ha de ser gradual. Aumenta poco a poco la cantidad de aire que les llega mientras siguen creciendo y desarrollándose. Primero afloja la tapa del tarro (si aún están ahí) o haz un agujero en la bolsa de plástico. Al final, los nuevos helechos deberían haber estado al aire al menos unas semanas antes de que los replantes en su hogar definitivo.

15 Cuando los helechos nuevos hayan desarrollado dos o tres frondas, ya habrán desarrollado también un sistema radicular y estarán listos para que los replantes en una maceta. Hazlo con mucho cuidado. Son plantas muy pequeñas y delicadas y, después de tanto trabajo, sería una lástima que ahora murieran por falta de delicadeza.

Cuidados

Agua	En la medida de lo posible, usa agua de lluvia (nosotros la metemos en el microondas 2 minutos para matar los microbios que pueda contener) o agua hervida (una vez se haya enfriado del todo). Se recomienda regar el suelo y no las frondas, para evitar que se pudran. El entorno natural de los helechos son laderas y bosques umbríos, por lo que les gusta estar húmedos siempre y, sobre todo, cuando aún son pequeños.
Abono	Estos helechos crecen con lentitud y no necesitan demasiado alimento, por lo que un fertilizante diluido en agua al 50 % cada 2 semanas en primavera y a principios de verano debería bastar.
Luz	A los helechos les gusta la sombra total o parcial y no quieren más de 3 horas diarias de sol. Esto descarta los alféizares, a no ser que estén orientados al noreste/noroeste en el hemisferio norte (y sureste/suroeste en el hemisferio sur).
Nota	Los helechos son una de las pocas plantas de interior que también viven en estado silvestre en el Reino Unido, por lo que prosperan en un clima templado. La calefacción es su enemiga y es posible que tengas que trasladar la maceta a un pasillo o a un porche frescos cuando enciendas la calefacción en otoño e invierno.

Propagación de plantas de interior

Echeveria

Propagación por semillas

El término «suculentas» abarca a un grupo de más de 2000 especies de plantas autóctonas de climas secos que, a lo largo del tiempo, se han adaptado para almacenar agua en sus hojas. Los cactus son suculentas con espinas, y las suculentas como la echeveria son fáciles de encontrar en supermercados, tiendas de regalos y floristas. Son asequibles y sus hojas adoptan bonitos patrones geométricos.

Como la mayoría de los métodos de este libro se han centrado en la propagación asexual, hasta ahora hemos pasado por alto la forma de reproducción más habitual y obvia: la germinación de semillas. Cultivar plantas desde la semilla produce niveles de placer de otra dimensión, porque ver cómo de una semilla diminuta emerge algo tan fuerte y resistente es muy gratificante.

Puedes adaptar el método que sigue a múltiples suculentas con flor, pero, en este ejemplo, centraremos la atención en las echeverias en general y en la echeveria fantasma (*Echeveria lilacina*) en particular. Tienden a florecer en verano, por lo que tendrás que esperar hasta entonces para emprender este proyecto.

Necesitarás

— Un pincel fino.
— Tijeras de jardinería o cuchillo de podar.
— Maceta o vaso, para secar la flor.
— Bolsa de papel manila y goma elástica.
— Un papel.
— Un alfiler o un palillo de aperitivo (mondadientes).
— Un sobre de papel pequeño (opcional).
— Arena fina.
— Maceta de 10 cm (4 in) de diámetro.
— Perlita.
— Bandeja impermeable.
— Papel film.
— Macetas y perlita, para plantar.

Cómo propagar

Echeveria

1   Cuando tu suculenta esté a punto de dar flor, verás que de la planta madre emerge un tallo alto. Déjalo crecer hasta que produzca botones y empiece a florecer.

2   Una vez abiertos los primeros capullos, los tendrás que polinizar tú mismo. Cosquillea con el pincel el interior de todos los capullos y asegúrate de que remueves el polen por todo el interior de la flor.

3   Corta por la base los tallos de todas las flores con unas tijeras de jardinería o con un cuchillo de podar limpios. Si no cortas los tallos de las flores ahora, la suculenta se empezará a dividir y perderá su bonita forma.

4   Deposita los tallos de las flores (con la flor hacia arriba) en una maceta vacía o en un vaso y deja que se sequen.

5   Si has fecundado las flores, las cápsulas de semillas se empezarán a hinchar. Con el tiempo, serán secas al tacto y en varias semanas adquirirán un color más pálido.

6   Las cápsulas se acabarán abriendo. Antes de que eso suceda, mete el tallo entero en la bolsa. Déjala en un entorno seco, sacúdela cada 2 semanas y comprueba si las cápsulas se han abierto y han expulsado las semillas. Serán extraordinariamente pequeñas, como un polvillo fino, así que acuérdate de sellar bien la bolsa con una goma elástica para no perder la diminuta cosecha.

7   Cuando las semillas hayan caído en la bolsa, vacía el contenido de esta en un papel limpio y, con un alfiler o un palillo, separa las semillas de los restos de las cápsulas. Sería buena idea que guardaras las semillas en un sobre, porque bastaría un estornudo a destiempo para echar a perder cualquier esperanza de propagar la suculenta.

8 Lo mejor es que siembres las semillas de forma inmediata y, para facilitar la tarea, mezcla las semillas recién recogidas con el doble de volumen de arena fina. Así crearás un polvo más sustancial y lleno de semillas, que será más fácil de distribuir cuando procedas a plantar.

9 Llena la maceta con perlita y presiónala con suavidad para reafirmarla. Con cuidado, espolvorea por encima una capa muy fina de la mezcla de arena y semillas. Si tienes mucha cantidad, puedes hacerlo en varias macetas a la vez para maximizar la cosecha.

10 Llena la bandeja impermeable con 2 cm (¾ in) de agua y mete las macetas que acabas de sembrar. Así, podrán absorber el agua de la bandeja y evitarás que la arena y las semillas de la superficie se desplacen si las riegas desde arriba.

11 Tapa toda la bandeja con papel film y colócala en un lugar luminoso y donde la temperatura diurna sea de unos 18 °C (64 °F). Si la temperatura superara los 21 °C/70 °F, el proceso de germinación se podría interrumpir. Rellena el agua a medida que sea necesario y presta atención a los signos de hongos (aparecerían en forma de un fino vello blanco). Si descubres hongos en la superficie de la mezcla de perlita, trátalos con un fungicida.

12 Deberías empezar a ver hojitas diminutas sobre el suelo al cabo de un mes o dos. Cuando aparezcan, quita el papel film y retira las macetas de la bandeja de agua. Ahora ya puedes empezar a regar a las pequeñas plantas con moderación (no dejes que el suelo se seque del todo).

13 Cuando las plantas crezcan, trasplántalas a macetas independientes con un buen sistema de drenaje y llenas de perlita. Elige macetas ligeramente más grandes que la circunferencia de las echeverias en crecimiento.

Cuidados

Agua	Si se trata de plantas maduras, deja que la tierra se seque del todo entre riego y riego. También es mejor que riegues la tierra directamente en lugar de mojar las hojas desde arriba. Meter las macetas 30 minutos en una bandeja con agua en lugar de regar desde arriba es una manera fantástica de evitar que las hoja se mojen.
Abono	Una vez al año es más que suficiente.
Luz	Estas plantas adoran la luz, así que un alféizar puede ser un sitio ideal para ellas. Si la simetría es lo tuyo, presta atención a cómo crecen en dirección a la fuente de luz. Si giras la maceta cada semana, las ayudarás a conservar la forma circular.
Temperatura	La mayoría de suculentas soportan un rango de temperaturas muy amplio (como sucede en el desierto), pero lo mejor es mantenerlas a una temperatura ambiente moderada para ahorrarles sobresaltos.
Pruébalo también con	*Anacampseros rufescens.*

La evolución de las plantas de interior

Los Dirty Boys somos los últimos de una larga tradición de amantes de la tierra que han sudado sobre el fértil terreno de Hackney. Estos campos, que ahora están a varios metros bajo tierra, alimentaron a la ciudad desde un mosaico de huertos rebosantes de alimentos con destino a los ajetreados mercados londinenses. Esta zona también desempeñó un papel importante en la definición del aspecto actual de nuestras plantas de interior y de nuestros jardines. Nos reunimos con Danielle Patten, la conservadora del Museum of the Home (@museumofthehome) en Hackney, que consiste en una serie de interiores decorados y ordenados cronológicamente desde la década de 1600 a la de 1990.

¿Cómo migraron las plantas de los jardines a los salones?

Hasta la década de 1600, las plantas solo tuvieron un uso práctico, ya fuera para limpiar, para quitar olores o para curar. Los juncos se tejían en alfombras y el romero se secaba. Aún faltaban años para que aparecieran las plantas de interior, aunque algunas de las partes de las plantas ya se usaban en las casas, además de como medicamentos y como curas: esa fue la era de la peste, y la gente usaba las plantas para protegerse de la infección. Los primeros interiores eran austeros y funcionales, porque las «cosas», como los muebles, los utensilios... todo, en realidad, era muy caro y, por lo tanto, la mayoría de las personas tenían muy pocas cosas. Curiosamente, las regaderas llegaron antes que las plantas de interior, porque se usaban para mantener flexibles y húmedas las alfombrillas de juncos, que así atrapaban el polvo.

¿Cuándo aparecieron las plantas de interior como las conocemos ahora?

Hasta la década de 1800 y la era industrial no empezaron a proliferar objetos de cerámica como las macetas. La manufactura hizo que los objetos decorativos fueran más asequibles, por lo que fue entonces cuando las plantas y las flores entraron en las casas: ahora, la gente tenía donde meterlas. En aquella época, Conrad Loddiges, el héroe local de la horticultura, importaba semillas de todo el mundo que plantaba en sus invernaderos climatizados en East London. Sin embargo, ni siquiera la innovadora tecnología de la caldera de vapor de la época podía solucionar el problema de cómo conseguir que las plantas sobrevivieran los largos viajes transoceánicos, lo que limitaba la cantidad de plantas disponibles.

¿Cómo evolucionaron las plantas que empezamos a cultivar en interiores?

Muy lentamente. Loddiges y sus hijos importaban semillas de plantas que ahora nos son muy conocidas, como la zamioculca (imagen en p. siguiente), pero eran muy caras. Entonces, en la década de 1830, el doctor Nathaniel Bagshaw Ward vio que había una planta sana entre todas las que componían su enfermiza colección de helechos: por casualidad, había echado raíces debajo de un vaso volcado. Ward entendió que el aire londinense estaba matando a

su preciada colección de helechos y vio que las plantas podían sobrevivir meses en contenedores herméticos. Y fue así como nació el terrario, conocido también como caja de Ward. Por primera vez, propagaciones delicadas podían sobrevivir a travesías marítimas de meses de duración.

Estamos en la sala de 1870 y está llena de plantas y de flores.

Sí, tiene incluso una caja de Ward, que ocupa un puesto de honor y está habitada por lenguas cervinas, en un reflejo de la obsesión de la época por los helechos. Con el terrario, llegaron plantas tropicales que podían sobrevivir dentro de las viviendas. Curiosamente, a medida que la vida se volvía cada vez más urbana, los victorianos se fueron dando cuenta de lo importantes que eran las plantas de interior para el bienestar y no solo para la estética. Las plantas de interior funcionaron como un nexo entre múltiples factores, como la explotación que llegó con la globalización; la producción industrial de macetas y maceteros; la fabricación de elementos sofisticados como los terrarios; y el aumento de la alfabetización (que permitía que la gente leyera acerca de estas modas y las adoptara). Todo ello alimentó la popularidad de las plantas de interior, una popularidad que ha llegado hasta hoy.

Esto es evidente en la sala de la década de 1990, un espacio que nos resulta mucho más familiar.

Sí, a estas alturas ya se entendía muy bien que las plantas de interior mejoran el estado de ánimo y la salud, aunque la tendencia se centraba, y se centra, en plantas fáciles de mantener. Las personas modernas llevan vidas muy ajetreadas, se desplazan a diario para trabajar y es más que probable que ambos miembros de la pareja se pasen el día fuera de casa. Por lo tanto, necesitan plantas que reflejen este abandono relativo, plantas resistentes y casi inmortales. Estas plantas fáciles de cuidar y resistentes (muchas de las cuales evolucionaron en entornos desérticos o montañosos) han encontrado un nicho completamente nuevo con la ayuda (otra vez) de la tecnología y de las viviendas con calefacción.

En un mundo post-COVID, en el que cada vez más personas trabajan desde casa, ¿qué probabilidades hay de que las plantas de interior adquieran aún más importancia?

Los confinamientos por la COVID multiplicaron las ventas de plantas de interior, aunque es una tendencia que ya venía de antes. En cierto modo, las plantas de interior han cerrado el círculo y han vuelto a sus orígenes del siglo XVII. Están aquí para desempeñar una función, que es hacer que nos sintamos mejor. Es posible que en el futuro recurramos de nuevo a la tecnología para modificar lo que cultivamos en casa, pero estoy segura de que se tratará de plantas con una función concreta. Cada vez más, todo lo que tenemos en casa ha de ganarse su sitio. De todos modos, y al mismo tiempo, a medida que el mundo se vuelva cada vez más urbano, la necesidad de cultivar plantas de interior no hará más que aumentar también.

Índice alfabético

Glosario

Chupón: vástago que crece en la raíz o en la base de algunas plantas y que se puede cortar para propagarlas.

Cultivar: variedad cultivada de una planta seleccionada de manera artificial.

Fotosíntesis: es el proceso bioquímico por el que las plantas transforman la luz del sol en los nutrientes que necesitan para crecer y prosperar.

Medio de cultivo: término general que se refiere al sustrato o al material en el que cultivamos las plantas y los esquejes. Puede ser perlita, una combinación de compost sin turba, tierra para jardines o cualquier combinación formulada para satisfacer las necesidades específicas de una planta.

Nodo: el punto del tallo donde se fijan (o fijaban) las hojas. En muchas plantas, es el punto con más probabilidades de propagar.

Perlita: vidrio volcánico de un blanco brillante que se calienta hasta que «explota» y que es muy absorbente. Retiene la humedad, facilita el drenaje y es fantástica para airear el suelo.

Podar: retirar las puntas o las flores de una planta para eliminar los capullos marchitos y promover el crecimiento o mantener la forma de la planta.

Replantar: una vez todas las propagaciones se hayan instaurado en la misma maceta o bandeja, las tendrás que volver a plantar individualmente.

Rustificación: si has plantado la propagación en un entorno protegido, como un invernadero en miniatura, un tarro de vidrio o una bolsa de plástico, tendrás que rustificar a la planta poco a poco. El proceso consiste en retirar el entorno protector gradualmente a lo largo de días de modo que la planta se acostumbre a vivir fuera del invernadero.

Tierra para macetas: es un medio de crecimiento formulado específicamente para plantar los esquejes.

Variegado: algunas plantas tienen las hojas marcadas con una pigmentación más clara. Se denomina variegación y, con frecuencia, significa que la planta necesita más luz que un cultivar no variegado.

Vermiculita: es parecida a la perlita, pero con propiedades de absorción ligeramente superiores. También se diferencian en el aspecto, porque la vermiculita es parda/dorada y la perlita es de un blanco brillante.

Agradecimientos

Gracias a Eve y a Chelsea por canalizar nuestras ideas y transformarlas en este maravilloso libro.

Un agradecimiento especial a India, por sus bellísimas fotografías.

Paul quiere darle las gracias a Robin, por sus bocadillos y por su inteligente sentido del humor.

Robin quiere transmitir su agradecimiento a Daniel, cuyo apoyo inquebrantable lo significa todo para él.

Acerca de los autores

Two Dirty Boys

Paul y Robin se conocieron por casualidad una estremecedora noche de Halloween en 2010 y sus vidas no se han separado desde entonces. En las redes sociales, son los Two Dirty Boys y muestran sus éxitos con las plantas, pero también sus (numerosos) fracasos, porque creen que el mundo en línea necesita permanecer en contacto con la realidad y no ser una sucesión de imágenes perfectas a base de filtros y retoques. Desde que tienen un huerto en East London, han llevado sus habilidades de cultivo más allá de la fruta y de la verdura y han llegado a las plantas de interior, que también comparten con la maravillosa comunidad virtual de «cultivadores», que no deja de crecer.

En 2020, publicaron su primer libro, *Replanta: Cultiva hierbas, frutas y verduras a partir de restos de cocina*, que ya se ha traducido a varios idiomas.

Síguelos en las distintas plataformas: @TwoDirtyBoys.

Paul Anderton

Paul creció en Lytham St Anne (Lancashire, Reino Unido) y es hijo de maestros. Siente afinidad por la naturaleza desde siempre y, ya de niño, demostraba una empatía exagerada por las plantas descartadas o dañadas. Trabaja con numerosas firmas y vive en Bethnal Green con Willy, su Border Terrier, y cientos de plantas de interior.

Robin Daly

La abuela de Robin era de Devon (Reino Unido) y le inculcó el amor por la naturaleza desde pequeño. La abuela Daly intentaba propagar todo lo que le gustaba, con frecuencia de camino a cobrar la pensión en el banco, para franca humillación de Robin. Su hogar era un verdadero jardín botánico hecho de plantas encontradas, pero preciosas. Robin admite que aún siente esa emoción cuando corta un espeje. Incluso después de tantos años, siente que hace una «travesura».

La edición original de esta obra ha sido publicada
en Reino Unido en 2022 por Hardie Grant Books,
sello editorial de Hardie Grant Publishing, con el titulo

Propagate. How to Regrow Your Houseplants

Traducción del inglés: Montserrat Asensio

Diagonal, 402 – 08037 Barcelona
www.cincotintas.com

Primera edición: septiembre de 2022

Impreso en China
Depósito legal: B 9192-2022
Código Thema: WMP
Jardinería: guías de plantas y cultivo

ISBN 978-84-19043-08-5